태어나길
잘했다

나를 지탱해 온 진동들에 대한 기록

태어나길
잘했다

양진모(마크툽) 지음

samhoETM

序

우주의 운동에 대하여

우주는 멈추지 않습니다. 고요해 보이는 산과 바다도 보이지 않는 입자들의 움직임 속에서 쉼 없이 변합니다. 별은 태어나고 사라지며, 만물 또한 끊임없이 탄생과 소멸을 순환합니다.

그 질서 위에서 모든 생명은 잠시 깃들고 사라지는 한 점일 뿐입니다. 인간도 마찬가지입니다. 나 역시 수많은 스침과 흩어짐을 지나는 찰나의 잔상에 불과합니다. 그러나 그 덧없음 한켠에서 나는 노래를 남깁니다.

사랑을 이야기하고, 사유의 바다를 항해하며, 심연 속 여백을 찾아 가장 아름다운 이름을 붙입니다. 붙잡히지 않던 감정들이 비로소 구조를 이룬 소리에 도착하면 세상과 연결됩니다.

　사랑은 신비롭습니다. 그 불가사의함이 우리에게 사랑을 꿈꾸게 하고, 갈망하게 하며, 나아가게 합니다. 마치 지구가 자전과 공전을 멈추지 않듯, 사랑도 우리의 의지를 초월해 이어집니다. 그것은 인류의 끊임없는 맥박이며, 그 박동 가운데 삶은 매 순간 새롭게 시작됩니다.

　내가 노래를 만드는 이유는, 사라지는 순간들이 어딘가에 남아 있기를 바라기 때문입니다. 기억은 흩어져도, 노래의 파동은 가인歌人의 숨결이 바람이 된 뒤에도 계속됩니다. 어쩌면 나의 노래는 사라지는 모든 것들을 향한 그리움일지도 모릅니다. 이 글은 그 노래 안팎에서 나의 삶을 움직여온 진동들에 대한 기록입니다. 생이 무엇인지, 음악이 무엇인지 여전히 알 수 없지만, 때로는 나의 산물이 누군가의 내면에 공명하며 울림을 일으키는 순간이 있습니다. 그때 나는 그것이 곧 우주의 운동에 응답하는 일임을 선명히 자각합니다.

　이 책이 작은 빛이 되어 누군가의 삶을 긍정으로 이끌기를 희망합니다. 만약 한 노래가 한 사람의 어두운 밤을 비추는 등불이 될 수 있다면, 그것만으로 나의 음악은 존재의 이유를 갖습니다. 이제, 나의 이야기를 시작합니다.

2025년 10월 15일,

저자 양진모(마크툽)

차례

나의 노래는.

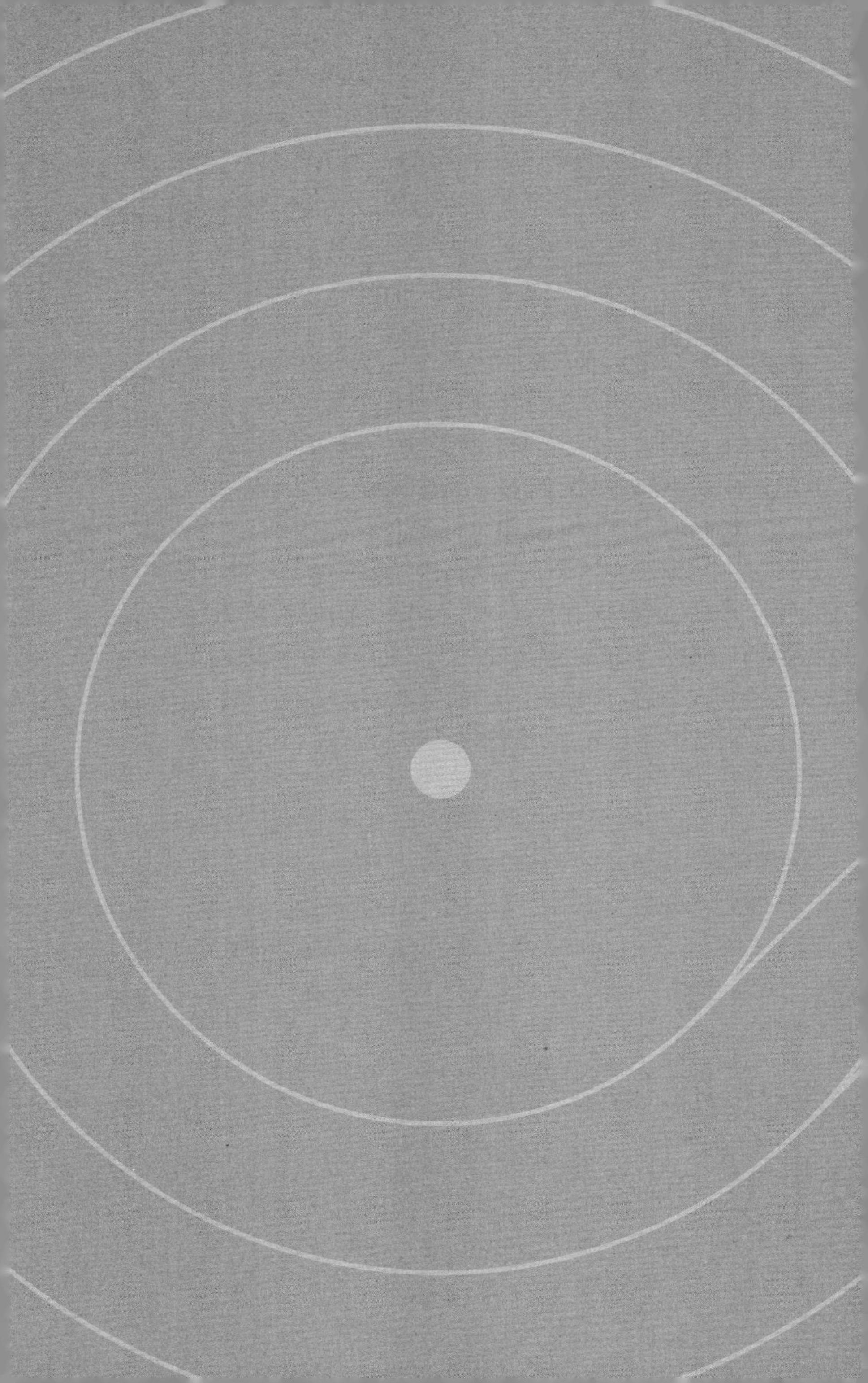

1부

음악과 사랑

결핍과 충만

●

사람은 누구나 각자의 결핍을 안고 살아갑니다. 어떤 결핍은 인식되기도 하고, 때로는 무의식 속에서 불안이나 걱정으로 드러나기도 하죠. 인간은 어쩌면 걱정하도록 설계된 존재일지도 모릅니다.

결핍은 처음엔 불편하게 다가오지만, 그것 또한 나를 이루는 한 부분이기에 쉽게 지워지지 않습니다. 물리학의 원리가 말하듯 어떤 에너지도 사라지지 않고 전환될 뿐입니다. 삶의 무게로 남아 있던 마이너스 에너지도 음악 안에서 갈무리되어 변환된다면, 새로운 의미로 다시 태어나 창작의 원료가 될 수 있습니다. 저에게 결핍은 감정을 들여다보게 하는 출발점입니다. 채워지지 않은 자리에서 질문이 생겼고, 그 질문이 곡의 주제가 되곤 했습니다.

왜 그런 감정이 들었을까, 그때 부족했던 건 무엇이었을까, 마음은 어떤 모양이었을까.

충만한 순간보다 오히려 결핍의 순간에 감각이 더 예민해졌고 저 자신을 더 깊이 들여다보게 되었습니다.

그래서 결핍은 저에게 단순히 결여된 조각이 아닌 가장 진실한 감정이 떠오르는 지점이자 창작이 시작되는 곳으로 여겨집니다.

저에게는 노래를 잘하지 못한다는 것이 하나의 결핍이었습니다. 이건 겸손에서 나온 말이 아니었고 때로는 끝없는 고민의 뿌리가 되기도 했습니다. 지금도 저는 늘 현재 진행형으로 여러 결함을 느끼며 살고 있습니다.

하지만 이런 결핍을 느끼는 것이 그리 특별한 일은 아니라고 생각합니다. 각자의 기준이 다르기 때문에 누구에게나 크고 작은 결핍은 존재합니다.

예전에 한 유튜브에서 사람들이 모여 각자의 콤플렉스를 털어놨지만, 정작 아무도 눈치채지 못하는 영상을 본 적이 있습니다. 그때 저는 실감했습니다. 이것은 단순히 콤플렉스라기보다 자신이 원하는 수준에 도달하지 못했다고 느끼는 데서 비롯되는 것이라고요.

저는 늘 '노래'와 '프로듀싱'이라는 영역 안에서 발전하고 싶다는 고민을 했습니다. 잘 표현하고 싶다는 마음이 있었기 때문에 부단히 노력했고 그 덕분에 성장할 수 있었습니다. 결핍을 미워하지 않으려 했던 점도 큰 힘이 된 것 같습니다.

입이 큰 사람을 예로 들어볼까요? 그 사람은 평소 자신의 입이 큰 것을 콤플렉스로 느낄지 모릅니다. 하지만 주변 사람들이 봤을 때는 웃을 때 시원해 보이고, 오히려 매력적인 인상으로 받아들여질 수 있습니다. 마찬가지로 나의 단점이나 결핍도 보완되거나 다른 장점으로 연결될 수 있습니다. 쉽게 고쳐지지 않는 내면의 짐이라면, 때로는 그것을 있는 그대로 매력으로 받아들이는 용기가 필요할지도 모릅니다.

결핍을 감추거나 채워야 할 결함처럼 여겼던 예전이 떠오릅니다. 부족하다는 감각이 들면 불안했고, 그 불안을 없애려면 더 완벽해져야 한다고 믿어왔던 때입니다. 그런데 음악을 하면서부터 조금씩 생각이 바뀌었습니다.

결핍은 억지로 메워야 할 흠집이 아니라 조용히 바라볼 줄 알아야 하는 감정이라는 걸 알게 됐지요.

있는 그대로를 마주하고 그 안에 잠시 머물다 보면, 생각 이상으로 그 틈에서 더 투명한 감정들이 피어났습니다.

사람은 시간이 흐른다고 해서 저절로 성숙해지는 것이 아닙니다.

현실과 이상의 차이를 인정하고, 자신을 깊이 들여다보며 그 안의 불완전함까지 온전히 받아들일 때, 사람은 시간 속에서 더욱 성숙하고 지혜롭게 성장할 수 있습니다. 10~20년 전만 해도 구식이라 치부되던 필름카메라가 지금은 다시 감성의 상징으로 돌아온 걸 보면, 유행도 결국 원을 그리며 돌아오는 것 같습니다. 저 역시 한때는 신경 쓰였던 단점들을 지금은 편안하게 바라보게 되었고, 눈높이와 기준이 달라지며 이제는 그것이 하나의 개성으로 느껴지기도 합니다.

다만 받아들임은 멈춤이 아닙니다. 도약할 수 있는 것에는 마음을 불태우고, 바꿀 수 없는 것에는 집착을 내려놓아야 합니다. 그 경계를 분별하는 일이 곧 훈련의 방향을 정합니다.

결국 '현실의 나'와 '내가 꿈꾸는 이상 속의 나'가 같은 지평 위에서 공존할 때, 음악과 삶은 흔들림 없이 앞길을 채워갈 수 있습니다.

그렇다고 해서 인간이 완전한 충만에 도달할 수 있는 것은 아닙니다. 충만을 추구하지만 그 상태는 잠시 스쳐가는 순간에 가깝고, 오히려 결핍은 우리 삶에 계속해서 함께하는 감정이죠. 그렇기 때문에 결핍은 피할 수 없는 감정일 뿐 아니라 삶과 인간을 더 깊이 이해하게 만드는 중요한 요소라고 생각합니다.

사실 우리의 삶은 내 뜻대로 흘러가지 않는 경우가 더 많고, 내 마음대로 되는 것만이 반드시 좋은 것도 아닙니다. 우리는 결핍을 통해 사랑을 배우고 부재를 통해 소중함을 느끼며, 부족함을 통해 어딘가로 나아가게 됩니다. 저는 충만보다는 흠결 속에서 더 많은 진실이 드러나고, 더 깊은 공감대가 만들어진다고 믿습니다. 어쩌면 우리는 각자의 다양한 결핍들을 채워가며 조금씩 자신만의 낙원에 가까워지는 것 아닐까요? 우리는 인간이니까요.

그리고 이 결핍의 감정을 가장 강하게 실감하게 만드는 것이 바로 '상실'입니다.

누군가를 잃는 경험 혹은 죽음을 마주하는 순간이 그렇죠. 그런 상실의 감정은 내 안에 깊이 새겨져 살아가게 됩니다. 인생이 유한하다는 것을 진심으로 깨닫는다면 생의 모든 순간을 헛되이 보낼 수 없을 겁니다. 하지만 그것을 온전히 자각하기란 쉽지 않습니다.

어린 시절은 가장 많은 에너지와 가능성을 품고 있는 시기인데, 그 시간을 허비하는 경우가 많습니다. 물론 어떤 경험도 진짜 '허비'라고 생각하지는 않습니다. 다만 그 시간의 일부가 나를 키우는 씨앗이 되지 못한 건 아쉽습니다.

그래서 저는 '죽음'이라는 주제를 자주 이야기하고, 타인을 통해서든 스스로를 통해서든 자각하려고 합니다. 그럴수록 더 단단하게, 때로는 가볍게 살아갈 수 있다고 믿습니다. 매 순간을 더 소중히 여기고, 이 고통도 머지않아 사라진다는 거스를 수 없는 진실은 삶을 오히려 평안으로 이끕니다.

밝고 화려하게 들리는 곡 속에도, 때로는 아픈 상실이 숨어 있을 때가 있습니다. 제 곡 중에서 그런 감정을 많이 담고 있는 노래는 「오늘도 빛나는 너에게」입니다.

겉으로 들으면 따뜻하고 다정한 위로처럼 느껴질 수 있지만 사실 이 곡에는 결국 닿지 못한 누군가에게 전하는 마음이 담겨 있지요. 직접 전할 수 없기에 음악이라는 형태로 대신 전할 수밖에 없었던 겁니다.

이 노래는 저의 할머니에 대한 사연에서 시작됐습니다. 끝내 닿을 수 없었기 때문에 감정은 더욱 간절했고 그 간절함이 오히려 곡을 더 충만하게 만들었다고 생각합니다. 그래서 이 노래를 들을 때마다 저 역시 사무치는 그리움을 다시 마주하게 되고, 그 밝게 빛나는 별빛 이면의 애틋함이 이 곡을 더 아름답게 만드는 가장 큰 이유라고 느낍니다.

음악을 만들다 보면 모든 것을 다 채우지 않고 남겨두는 여백이 오히려 더 깊은 감정을 전달하는 순간이 있습니다. 멜로디든 가사든 일부러 비워두는 구간이나 담담하게 흘러가는 표현들이 듣는 사람의 마음속에서 더 크게 울릴 때가 많죠.

그 여백 속에서 각자의 기억과 감정을 채워 넣게 되기 때문에 오히려 더 입체적인 울림이 만들어집니다.

이런 여백을 저는 '공감의 공간'이라고 정의하곤 합니다.

완성된 한 문장보다 남겨진 한숨이나 침묵이 더 많은 이야기를 전할 때가 있듯, 음악 역시 덜 채워져 있을수록 더 온전하게 다가오는 경우가 많습니다. 멜로디에서도 중간에 쉬어가는 부분이 있으면 앞서 들려준 멜로디의 의미가 되새겨지고, 더 선명히 전해지기도 합니다.

편곡 역시 마찬가지입니다. 여백의 미, 잠깐의 쉼, 그 여지를 남겨두는 힘이 있기에 저는 밥 딜런Bob Dylan, 마일스 데이비스Miles Davis, 그리고 후기의 비틀스The Beatles 음악을 자주 듣습니다. 딜런의 노래에서는 단순한 코드와 목소리 사이에 놓인 여백이 강한 울림을 만들고, 데이비스의 「Kind of Blue」 같은 작품은 최소한의 음으로도 깊은 공간감을 선사합니다. 비틀스 후기의 「Let It Be」나 「Yesterday」 같은 곡들 역시 비워진 공간이 주는 힘을 잘 보여줍니다. 그 비움 덕분에 음악 속에 호흡이 생기고, 듣는 사람마다 자신만의 상상과 감정을 덧입힐 수 있습니다.

"숨 쉴 수 있는 순간에 한 번 더 너를 안고 그 품이 그리워 미래에 더 아파할 거야"(「시작의 아이」중, 가사가 돋보이도록 목소리를

제외한 모든 악기를 비운 대목)

결국 음악은 채워가는 과정입니다. 그래서 과감하게 비우는 연습도 합니다. 때로는 여백이 곡을 더 화려하게 만드는 장치가 되기도 하고, 벅차오르는 흐름 사이에 도움닫기가 되기도 합니다.

비워진 자리에서 새로운 창의적인 발견이 일어나기도 하기 때문에, 음악의 여백은 단순한 공백이 아니라 다음 소리를 당기는 중력이라고 생각합니다.

충만은 또한 새로운 갈증을 부릅니다. 마치 산 정상에 올라 기쁨을 누리기보다 또 다른 산을 바라보게 되듯, 삶은 '그 후로 그들은 오래오래 행복하게 살았습니다.' 같은 동화의 엔딩처럼 닫히지 않고, 여전히 새로운 장을 펼쳐 갑니다.

저에게 음악도 늘 그런 순례 위에 있습니다. 충만함을 향해 나아가지만 결국 다시 공^호으로 돌아와 노래하게 되는 것이죠.

또 다른 관점으로 본다면 결핍은 '아쉬움'에 더 가깝습니다. 어쩌면 어린아이 같은 마음일 수도 있습니다. 이 아쉬움은 때로는 변명처럼 느껴지기도 하지만 다시 보완된 모습의 '갱신된 나'를 보여주기 위해 창작 앞으로 나아가는 원동력이 되기도 합니다. 장르적으로도, 이야기적으로도 그 과정을 반복하며 다른 결로 변주해 가고 있습니다.

　예를 들어 「시작의 아이」, 「청춘의 일렉트로니카」, 「여름필름」은 꼭 해보고 싶었던 제이 팝J-pop 장르를 드디어 담아낼 수 있었다는 성취감이 있었습니다. 하지만 그 성취가 끝은 아니었습니다. 오히려 그 이후로부터는 새로운 장르보다는 언젠가 영화음악을 해보고 싶다는 생각을 하게 됐습니다.

　저는 영화를 정말 좋아하기 때문에, 한스 짐머Hans Zimmer, 류이치 사카모토Ryuichi Sakamoto, 존 윌리엄스John Williams 같은 세계적인 거장들이 음악으로 장면을 완성하는 방식을 늘 눈여겨보며 그 울림을 마음에 새기곤 했습니다.

　할리우드 영화들이 피상적인 자극을 건드리는 데 능숙하다면, 프랑스 영화들은 마음의 심연을 건드리는 데 탁월하다고 느끼곤 하지요. 음악적 연출에서 불협화음까지도 활용하는 것을 보며 언젠가 저도 영화 연출의 의도와 음악이 맞물려 하나의 감정을 완성하는 순간을 만들어보고 싶다는 마음이 들었습니다.

　하지만 또 그 순간이 찾아오면 또 다른 새로운 갈증이 생기겠죠. 그렇게 삶은 긴 결핍 속에서 잠깐의 충만을 환영처럼 착각하다, 다시 결핍으로 돌아가는 리듬 위에 있는 것 같습니다.

공초

●

더 높은 차원에 도달하려는 과정에서 느끼는 갈증이나 공허는 단순히 '아이디어가 떠오르지 않는다'라는 정도의 문제가 아닙니다. 그것은 내면에서 감지된 정서와 실제로 구현된 결과물 사이의 간극에서 비롯됩니다. 어떤 감정이나 장면을 완전히 포착하고자 하지만, 언어나 선율로 옮기는 순간 늘 모자람이 드러납니다. 곡이 완성된 후에도 마음속에 잠재된 진동이 충분히 표현되지 못했다는 생각이 남고, 바로 그 불충분함이 창작자의 불편함으로 이어집니다.

그 갈증은 대개 막연한 형태로 시작됩니다. 손에 잡히지 않는 감정, 흩어져 있는 말과 멜로디의 조각들이 어지럽게 떠다니는 상태입니다.

예전에는 이런 혼란을 분석하거나 그저 열심히 정리하려 했습니다. 하지만 지금은 그 불완전함을 인위적으로 다루기보다는, 그 안에 잠시 머물며 천천히 흐르도록 두는 쪽을 선택합니다.

그러다 보면 어느 날 멜로디 한 줄이나 문장 하나가 실마리가 되어 곡의 결이 스스로 방향을 잡기 시작합니다. 그 흐름을 따라가다 보면 어느새 한 편의 악보가 완성되어 있죠.

이 과정에서 핵심은 영감을 막연히 기다리는 것이 아니라, 늘 곁에 있는 보이지 않는 신호를 감지할 촉을 세워 두는 데 있습니다. 같은 사과를 보더라도 누군가는 그저 달콤한 열매로 여기고, 또 다른 이는 만유인력의 법칙을 떠올립니다. 그러나 어떤 이는 그 사과 안에 숨어 있는 종자가 흙으로 돌아가 다시 생명을 일으키는 이치를 봅니다. 그리고 사라지는 듯 이어지는 그 순환 속에서, 사과는 더 이상 하나의 과실이 아니라 고정된 실체 없이 끝없이 변주되는 공호의 질서를 드러내는 소우주임을 깨닫게 됩니다.

이 차이를 만드는 것은 결국 관찰력입니다. 관찰력이 부족하면 순간적인 번뜩임에 끌려다닐 수밖에 없지만, 보는 힘을 기르면 일상 속에서도 새로운 가능성을 발견할 수 있습니다.

저는 우주와 만물의 원리에 관한 지식을 가능한 한 열심히 배우고 이해하려고 합니다. 두려움은 대부분 무지에서 온다고 생각하기 때문입니다. 원리를 알고 세밀히 볼 줄 알게 되면 세상을 바라보는 시선의 높이가 달라지고, 음악으로 표현할 수 있는 깊이 또한 넓은 차원으로 확장될 것입니다.

눈앞의 현실에만 갇히면 하찮은 문제가 삶 전체를 흔들고, 세계를 바라보는 시야는 점점 더 좁아지게 됩니다. 그럴 때일수록 통찰력을 키우고, 더 먼 별의 지평을 우러르려 합니다.

여전히 공허함은 남아 있지만, 자세히 살펴보려는 태도는 그 공허마저 음악으로 변환하는 동력이 됩니다. 나아가 깊이 들여다보면 결국은 모두 비어 있음을 깨닫게 되고, 그때 공은 더 이상 결여가 아니라 고요히 머무는 성찰의 공간이 되기도 합니다.

그리고 만약 누군가 제 음악을 듣고 자신 안의 공허를 발견하게 된다면 그건 정말 멋진 기적이라고 생각합니다. 마음의 빈자리를 마주하고 인정하는 순간 이미 치유의 첫 발을 내디딘 것이니까요.

우리는 공허함을 감추거나 외면하며 살아가기 쉽지만 그것을 직면하는 순간부터 오히려 마음은 조금씩 깊어지기 시작합니다. 제 음악이 하는 일은 그저 그 문을 열어주는 것뿐입니다. 완벽한 답을 주는 것이 아닌 듣는 이가 스스로의 마음 어딘가를 바라보게 하는 작은 계기가 되었으면 합니다. 공허를 인지하고 받아들이는 것만으로도 삶을 대하는 태도는 분명 달라질 수 있겠지요. 그건 이미 변화의 시작이자 위대한 여정 속에 들어섰다는 의미일 것입니다.

예술은 그 길을 함께 걸어주는 동반자가 될 수 있으며, 저는 그 사실만으로도 충분히 행복합니다.

1부 음악과 사랑

감각

●

사람을 처음 만났을 때 대체로 말보다 느낌을 살펴보는 편입니다. 그 사람이 건네는 말보다 미소나 눈빛, 몸의 리듬감 같은 것에서 먼저 전해지는 기류가 있기 때문입니다. 물론 그 감각이 틀릴 때도 있지만 대부분은 그 직감을 믿습니다. 이런 첫인상의 힘은 제가 음악을 대할 때 느끼는 감각과도 닮아 있습니다.

특히 음악에서는 이런 순간을 자주 경험합니다. 어떤 테크닉은 설명하려고 하면 오히려 멀어지고, 그저 직접 들었을 때 바로 원리를 깨우치게 되는 경우가 있습니다. 그것은 논리가 아니라 감각의 언어라고 할 수 있습니다. 우리가 사용하는 '언어'라는 것은 결국 서로 소통하기 위해 만든 하나의 도구일 뿐, 인간의 내면 전체를 담기에는 협소합니다. 말로 포착되지 않는 수많은 감각과 감정은 오래전부터 몸과 기억, 그리고

DNA의 층위에 차곡차곡 쌓여 왔습니다.

사람은 자신을 정의하려 하지만, 그 말이 꼭 마음과 합치되는 것은 아닙니다. 오히려 진짜 감정은 침묵에 숨어 있거나, 안광이나 호흡 소리 같은 작은 몸짓으로도 나타납니다. 그래서 저는 말보다 감을 믿습니다. 말이 나를 표현하는 수단이 될 수도 있지만, 때로는 그것이 상相에 나를 사로잡히게 만들기도 합니다.

이런 생각을 하다 보면, 가끔 이유 없이 자꾸 떠오르는 풍경이 있습니다. 어릴 적 본 것 같기도 하고, 꿈에서 본 것 같기도 한데 정확히 알 수는 없습니다. 하지만 그 풍경은 종종 제 곡의 배경이 되곤 합니다. 「첫눈동화(My First Snow)」의 설원이나 「Space Opera」 속 사막 같은 이미지들이 바로 그런 것들입니다.

저는 이런 감각을 직관이라고 생각하는데 직관은 타고난 기질이자 단련되는 감각이라고 봅니다. 기본적인 기질은 분명 타고나는 것 같지만, 자주 믿고 사용하다 보면 점점 더 예민해지고 분명해지는 것을 느낍니다. 결국 연습을 통해 더 날카로워질 수 있는 감각이죠.

그리고 때로는 설명할 수 없는 확신 같은 것이 찾아옵니다. 어떤 노래는 이유를 모르겠지만 '이건 꼭 세상에 나와야 한다'는 감이 드는 경우가 있습니다.

　그런 확신을 흘려보내면, 시간이 지나도 마음 한쪽에 잔향이 남습니다. 삼성의 고故 이건희 회장님이 "감感은 신의 목소리다"라고 말씀하신 적이 있는데, 저는 그 말에 전적으로 공감합니다. 해석은 뒤따르고 그 목소리는 먼저 도착합니다. 저는 그 미세한 울림을 놓치지 않으려고 언제나 마음의 귀를 열어 둡니다.

더 멀리 흘러갈 수 있도록

●

의도하지 않았지만, 제 음악에 깃든 '우주적인 감각'은 내면을 향하는 고유한 성향에서 비롯되었습니다. 외부의 소리보다 마음 깊은 곳에서 일어나는 미세한 떨림에 더 집중해 왔고, 그곳에는 언어를 초월하는 감정의 파동들과 시간의 경계를 넘는 넓은 장場이 자리하고 있습니다.

음악을 만들 때도 과거에 스쳐간 소리들이 무의식 어딘가에 남아 있을 수는 있으나, 특별히 참고하는 레퍼런스는 거의 없습니다. 작업의 중심은 외부 사건(예를 들면 고백이나 이별 같은)을 직접 반영하기보다는 내면의 맥을 따라가는 데 있기 때문이지요.

제가 그리는 '우주'란 거대한 외부 세계가 아니라, 내 안 깊은 곳에 존재하는 무한한 가능성을 의미합니다. 그리고 빠른 쾌락이나 자극에 집중하기보다 '살아있음'이라는 존재 그 자체에 주목하는 태도가 듣는 이로 하여금 '우주적'이라는 느낌을 받게 하는 이유가 아닐까 생각합니다.

이는 삶을 단순한 개인적 드라마로 보는 데 그치지 않고, 삶 전체를 하나의 '우주적 사건' 혹은 '우주의 운행에 동참하는 행위'로 바라보는 시각에서 비롯된 감각입니다.

이런 사유를 통해 저는 감정을 직접적으로 드러내기보다는, 감정이 만들어내는 풍경과 공간의 이미지를 떠올려 가사로 표현하곤 합니다.

"그댈 만나는 모든 순간이 그림처럼, 감은 두 눈앞에 그려진 그 풍경 그 안에 그대와 나"(「그리다..너」)

이 가사는 배경을 차츰 좁혀가며 시선을 응축시키듯, 감정의 초점을 점점 모아가며 집중시킵니다.

"서로를 향한 마음이 우주의 작은 뭉쳐짐이라면 이 아름다운 기억이 흩어져도 사라지진 않을 거야"(「찰나가 영원이 될 때」)

우리가 서로를 향해 내미는 마음은 단순한 감정의 교류가 아닙니다. 그것은 우주의 작은 입자들이 모여 별을 만들고, 보이지 않는 힘이 세상을 움직이듯, 거대한 질서 속에서 일어나는 작은 뭉쳐짐과도 같습니다. 사랑은 그렇게 우주의 법칙과 닮아 있습니다.

그래서 어떤 기억은 시간이 흘러 흩어져도 결코 사라지지 않습니다. 눈에 보이지 않을 뿐, 그것은 여전히 우리 안에 남아 있고, 또 어딘가에서 새로운 형태로 살아갑니다. 한때의 아름다운 순간은 바람처럼 흩날리지만, 그 속에 담긴 진심은 우주 어딘가에서 영원히 잔존합니다.

"비 내리는 날엔 우산이 돼주고"(「Marry Me」)

'눈물이 흐른다'는 말을 직접적으로 표현하기보다 '비가 내린다'고 노래하며, 감정의 여운을 담았습니다.

"시작의 푸름에 모든 이름에 네가 새겨져 있을 뿐"(「시작의 아이」)

이 가사는 단순히 한순간의 사랑 고백을 넘어섭니다. 시작의 푸름은 삶의 첫 숨결, 가장 순수하고 빛나는 순간을 뜻합니다. 그 푸른 시초 속에서 불린 모든 이름은 결국 '너'로 각인되어 있음을 말하지요. 이는 곧 내가 살아오며 만난 세계와 관계, 기억과 언어의 결을 따라 언제나 '너'가 과거와 현재, 그리고 미래에 존재한다는 고백이기도 합니다. 여기에는 제 예명인 '마크툽Maktub'의 의미 또한 겹쳐 있습니다. 마크툽은 아랍어로 '이미 그렇게 기록되어 있다'는 뜻을 지니는데, 이 문장은 그 의미처럼 이 노래를 운명으로 드러냅니다. 우연이 아니라 필연으로, 내 삶과 음악에 이미 새겨져 있던 '너'. 그래서 이 한 구절은 사랑과 운명, 존재와 기록이 겹쳐 빛나는 선언이 됩니다.

"시간의 나선 속에 네가 있기에 처음과 멀어져도 두렵지 않아"(「너로 자유롭다」)

「너로 자유롭다」의 이 구절은, 시간을 단순히 직선이 아니라 나선형의 궤적으로 바라본 시선에서 출발합니다.

나선은 돌고 또 돌지만, 중심에서 점점 멀어지며 끝없이 확장되는 길을 상징합니다. 인생과 사랑도 그렇습니다. 처음의 설렘은 멀어지고, 익숙함과 변화가 쌓이며 우리는 끊임없이 다른 지점으로 이동합니다. 그러나 그 움직임 속에서도 '너'라는 존재가 같은 궤도 안에 함께한다면, 중심에서 멀어지는 두려움은 곧 자유로 바뀝니다.

즉, 이 가사는 처음의 자리에서 벗어나도, 끝없이 달라지는 시간 속을 함께 돈다면 우리는 여전히 이어져 있다는 선언입니다. 나선은 멀어짐이 아니라 함께 확장되는 여정이고, 그 안에서 화자는 "너로 인해 자유롭다"는 절대적 해방을 느낍니다.

"사계절 눈이 내려와 어린 날 꿈 속처럼. 눈 위에 너의 눈을 그리다, 지상에서 영원으로 끝없이 네가 내린다."(「첫눈동화」)

이 노래의 눈은 단순한 설원의 풍경이 아닙니다. 사계절 내내 흩날리는 눈은 시간의 울타리를 넘어선 영원의 징표입니다. 어린 날 꿈처럼 아득하고 새하얀 눈 위에 사랑하는 이의 눈을 그린다는 건, 백지 같은 세계 위에 존재의 흔적을 새기는 창조의 행위이기도 하지요. 그리고 마침내 "지상에서 영원으로 끝없이 네가 내린다"는 구절에 이르면, 사랑은 유한한 삶을 넘어서는 끝없는 강림, 곧 영원과 맞닿는 다리가 됩니다. 눈은 사라지는 듯 흩날리지만, 그 무상의 흐름 속에서 사랑은 오히려 영원히 내리는 존재로 남습니다.

이처럼 써 내려간 가사는 감정을 좁은 언어에 가두지 않고 더 멀리 흘러가게 합니다. 듣는 이가 그 풍경 안에서 자신만의 감정을 찾아낼 수 있도록 열린 결말을 남기는 것이 저만의 방식으로 상징을 만들어가는 길입니다.

기록은 늘 부담을 동반합니다. 무언가를 남긴다는 건 곧 나 자신을 정의하는 일이기도 하니까요. 하지만 그 정의가 때론 내가 누릴 수 있는 가능성의 영역을 좁히는 경계가 될 수 있다고 생각합니다.

그리고 저는 그 경계에 대해 늘 고민합니다. 사람이 무엇을 좋아하고 싫어하는지는 시시각각 변하는데, 과거의 정의가 현재의 나를 설명할 수 있을까요? 그래서 저는 그 '변화'

자체가 마음의 본질이라고 생각합니다. 정의는 경계이고, 그 안에 나를 가두는 순간 내가 받아들일 수 있는 세계의 폭도 함께 줄어들기 마련입니다.

물론 방관해서는 안 됩니다. 창작자로서 저는 끊임없이 제 내면 깊이 들어가야 하며, 꾸준히 음악을 만들어내는 과정 속에서 처음 품었던 초심을 항상 붙잡아야 합니다.

자기만의 신념이나 틀도 오래 방치하면 발효가 아닌 부패가 될 수 있으니 의식적으로 새로운 정보와 음악, 구조들을 받아들이려 노력하고 또 노력합니다. 이는 내 안의 틀을 깨고 부수면서 도태되지 않으려는 이유입니다. 20년, 30년이 지나도 유연하게 받아들이는 사람이 되고 싶다는 바람은 변하지 않을 것입니다.

동시에 저는 '나'라는 브랜드를 운영하는 사람이기도 합니다. 브랜드는 자아이자 시스템이며, 이러한 구조는 마치 톱니바퀴처럼 규칙적으로 돌아가야 유지될 수 있습니다. 원하는 걸 모두 얻지는 못하더라도 성실하게 꾸준히 걸어간다면 적어도 형편없는 삶은 살지 않겠지요.

그래서 저는 특별한 운이나 지름길을 바라지 않고 무엇보다 외부에 지나치게 기대는 삶을 경계하며, 내면에서 꾸준히 할 수 있는 것을 만들어내는 것이야말로 지속 가능한 창작을 위한 가장 지혜로운 방법이라고 생각합니다.

세상의 빛 아래서

●

노래에 담긴 '시간'과 '사랑'은 언제나 제 음악의 중심이자, 존재의 결을 감지하게 하는 두 개의 축입니다. 이 두 감정이야말로 제 노랫말과 멜로디 속에서 끊임없이 마주치는 이야기의 핵심입니다.

시간은 사랑을 담는 그릇입니다. 비워지기도 하고, 다시 채워지기도 하면서 그 안에 감정의 선율을 차곡차곡 쌓아갑니다. 설렘도, 아픔도, 그리움도 결국 시간 속에서 피고 지는 사랑의 표정들입니다. 노래를 쓰면서 느낀 것은 적정 시간 없이는 사랑이 성숙하게 자라지 않는다는 사실입니다.

반대로, 사랑은 시간을 살아 있게 만드는 힘입니다. 멈춰버릴 것만 같던 하루에도 누군가를 사랑한다는 마음 하나로 하루가 빛나게 되고, 평범한 순간조차 특별한 기억 속에 새겨집니다.

이처럼 노래 속 '시간'과 '사랑'은 서로를 비추는 거울처럼 맞물리며, 나아가 생의 근원과도 이어져 있습니다.

흘러가는 시간 속에 사랑을 머물게 하고, 사라지는 사랑 속에 시간을 새기고 싶은 마음. 이 두 감정은 제 노래가 사람들의 삶과 공명하도록 만드는 가장 큰 이유이기도 하지요.

"한 곡의 노래가 한 편의 인문학적 에세이다."

이 말을 들으면 여러분은 어떤 생각이 드시나요?

저는 이 말에 공감합니다. 시인의 노래는 단순히 감정을 표현하는 수단을 넘어 삶의 본질을 묻고 응시하는 작은 철학이 됩니다. 사랑과 시간, 인간과 존재라는 주제는 음악 안에서 더 깊게 살아 숨 쉬는 듯합니다.

어떤 곡은 한 사람의 이야기에 귀 기울이게 만들고, 또 다른 어떤 곡은 마음속 깊은 상처를 다시 들여다보게 하기도 합니다. 때로는 노랫말이 아니라 멜로디 그 자체로도 많은 것을 건네주곤 하지요. 음악은 잠든 마음을 깨우는 파도가 되기도 하고, 때로는 삶을 다시 시작하게 하는 불씨가 되기도 합니다.

저는 음악을 통해 정답보다는 질문을 남기고 싶은 사람입니다. 그 질문이 누군가의 마음에 머물러 삶을 다시 바라보게 만든다면 그 한 곡의 노래는 이미 한 편의 인문학적 에세이로서 충분한 힘을 가졌다고 믿는 것이지요. 한 곡의 노래가 사람의 내면 깊숙이 스며들어 삶에 울림을 주고 존재의 의미를 묻는다면 그것이야말로 음악이 가진 힘이자 예술의 혼 아닐까요?

음악과 글이 지닌 성질을 설명하려 할 때, 저는 자연의 두 가지 원소인 불과 물을 떠올립니다. 불은 즉각적으로 타오르며 본능을 자극하고, 물은 천천히 스며들며 성찰을 이끕니다. 불은 단숨에 뜨거움을 전하고, 물은 오래 머물며 생각을 길러냅니다.

음악은 불처럼 감정을 그 안에 그대로 담아내며, 듣는 사람은 이성적으로 해석하기보다 감성적으로 먼저 반응하게 됩니다. 음악은 우리 안에 있는 어떤 이성의 문턱을 건너뛰고 가장 깊은 곳에 직접 닿는 무언가라고 느낍니다. 이처럼 음악은 뜨겁고 본능적인 속성을 지닌 매체라고 생각합니다.

반면 글은 물에 가깝습니다. 문장을 따라가며 의미를 곱씹는 동안 우리는 이성에 더 가까워지고, 생각은 서서히 자라납니다. 물이 스며들어 지형을 바꾸듯, 글 또한 시간을 두고 내면을 적시며 조금씩 변화를 일으키고, 읽는 이의 그릇에 따라 다른 형태로 담깁니다.

음악이 감정에 불을 붙인다면, 글은 사유의 샘을 틔웁니다. 그래서 음악과 글은 서로 다른 차원에서 작동하지만 둘다 인간에게 감동을 주는 것 같습니다.

자연을 떠올려보면, 많은 동물이나 곤충이 소리를 통해 상대를 유혹하거나 의사를 표현합니다. 인간의 본능도 소리에 먼저 반응하듯이 말입니다. 우주의 시작을 설명하는 언어도 결국 파동과 진동입니다. 빛이 생겨나기 전, 밀도의 요동과 파장이 우주를 가득 채우며 팽창했고, 제가 찾는 원형적 울림도 아마 그 진동에 어렴풋이 닿아 있을지도 모릅니다.

창작을 하다 보면 결국 그 울림이 나 자신이 누구인지, 내가 왜 이런 이야기를 하고 있는지를 묻는 과정으로 이어진다는 것을 느낍니다. 창조적인 활동을 하는 사람이라면 결국 자신만의 언어로 정체성을 표현할 수 있어야겠지요.

멜로디와 언어 그 사이에 깃든 질문들은 삶을 더 깊게 바라보게 만들고, 자아를 표현하는 데 있어 무궁한 잠재력을 열어줍니다.

음악에 빠져서는 안 될 감정을 곡으로 표현할 때, 사유는 아주 작은 인식에서부터 시작된다고 생각합니다. 감정의 비상과 추락이 교차하는 순간, 그 어스름 속에서 '왜?'라는 질문을 던질 때 비로소 감정은 생각으로 자라나기 시작하기 때문이지요. 그리고 그 생각은 점차 노래가 될 준비를 합니다.

　창작은 마치 마음속 깊은 곳에 묻혀 있던 감정의 씨앗을 찾아내어 세상의 빛 아래 조심스럽게 꺼내놓는 일과 같습니다.

　예를 들면, 나는 지금 사랑하고 있다는 감정을 느낍니다. 그 순간, 하나의 물음이 함께 떠오릅니다. 사랑은 왜 기쁨을 주면서도 두려움을 동반할까요? 사랑은 분명 따뜻하고 아름답지만, 그 안에는 설명하기 어려운 불안과 떨림이 늘 함께 깃들어 있는 것 같습니다.

이 질문을 따라 사유를 조금 더 확장해 보면, '사랑이라는 것은 상대를 완벽히 이해하는 데에서 비롯되는 것이 아니다'라는 사실을 깨닫게 됩니다. 오히려 끝내 이해할 수 없는 부분이 있더라도 그럼에도 불구하고 곁에 머물고자 하는 마음, 그것이 사랑의 본질이 아닐까 하는 생각에 닿게 되는 것이지요.

이렇게 정리된 사유는 하나의 주제로 다듬어집니다. '오늘도, 내일도, 그리고 그 이후의 날들에도 변함없이 너를 향한 내 마음은 빛으로 남아 있을 거야'라는 믿음. 그것이 제가 발견한 주제입니다. '빛'이라는 상징은 단순히 밝고 찬란한 감정만을 뜻하지 않습니다. 때로는 그 빛이 너무 강해 눈부시기도 하고, 또 그 속에서 길을 잃을 것 같은 두려움이 피어나기도 하지만, 그럼에도 불구하고 나를 앞으로 이끄는 힘이 되어 줍니다.

　마침내 도출된 주제는 음악의 언어로 옮겨져 노래가 됩니다. "내게 온 너란 빛이 눈부셔도, 네 앞에서 한 순간도 눈 감지 않아."라는 노랫말은 바로 그 과정을 거쳐 태어난 것입니다. 감정에서 질문이 생기고, 질문이 사유로 확장되며, 사유가 주제가 되고, 주제가 다시 음악의 언어로 번져 나가는 것. 그것이 곧 노래가 태어나는 길입니다.

　그렇게 저는 노래 한 곡 한 곡에 물음을 담으며 살아가고 있는지도 모르겠습니다.

　누군가에게 음악을 한다는 삶을 설명할 때면, 제 마음속에 오래전부터 우상처럼 자리한 음악가들이 떠오릅니다. 보이즈 투 맨Boyz II Men의 심장을 울리는 화성과 멜로디, 스티비 원더Stevie Wonder가 시대를 가로질러 남긴 목소리와 노래, 마빈 게이Marvin Gaye가 사회와 사랑을 함께 담아낸 메시지, 아레사 프랭클린Aretha Franklin의 흔들림 없는 테크닉이 그랬습니다. 레이 찰스Ray Charles의 장르를 넘어선 개척 정신, 제임스 브라운James Brown의 불을 뿜는 무대와 리듬, 프린스Prince의 자유로운 영혼과 끝없는 창조성, 마이클 잭슨Michael Jackson이 '팝의 황제'로 전 세계를 사로잡았던 압도적인 카리스마에도 무척 감복感服했습니다. 또한 지미 헨드릭스Jimi Hendrix의 한계를 넘어선 기타와 실험 정신, 레드 제플린Led Zeppelin의 벽을 무너뜨리는 사운드, 오아시스Oasis의 낭만, 너바나Nirvana의 거친 에너지, 핑크 플로이드Pink Floyd가 펼쳐 보인 철학적이고 초현실적인 세계, 그리고 대중음악사의 근원을 새로 쓴 비틀스The Beatles의 유산은 제 음악의 뿌리를 더욱 깊게 만들었습니다. 휘트니 휴스턴Whitney Houston의 드라마틱한 가창, 도니 헤더웨이Donny Hathaway의 무아無我에 가까운 호소력, 에바 캐시디Eva Cassidy의 생명의 호수와 같은 톤, 샘 쿡Sam Cooke의 소울, 머라이어 캐리Mariah Carey의 시대를 대표한 목소리, 셀린 디온Celine Dion의 장대한 서정성과 광활하게 뻗어나가는 목소리의 현, 그리고 오티스 레딩Otis Redding, 마이클 볼튼Michael Bolton, 라라 파비안Lara Fabian, 퀸Queen, 사이먼 앤 가펑클Simon & Garfunkel, 다프트 펑크Daft Punk, 엘튼 존Elton John 등 이 책의 페이지를 다 써도 모자랄 수많은 위대한 선대 뮤지션들의 유산은 단순한 감흥을 넘어, 제가 길을 잃을 때마다 방향을 일러주는 나침반이자, 몇 번이고 다시 음악을 만들게 하는 원천이 되어주었습니다.

저는 종종 머릿속에서 1920년대 뉴올리언스의 라이브 펍에서 피아노를 치거나, 드넓은 바다 위 작은 배에서 돌고래와 함께 노래하는 등 말도 안 되지만 황홀한 상상들을 하곤 했습니다. 그리고 그 상상은 지금도 내 안에서 이어지고 있습니다. 이 놀이에는 끝이 없기에 오히려 그 무한한 가능성 안에서 더 큰 즐거움을 느낍니다. 소리의 극의極意에 닿기 위해 반복하고 연습하는 과정 자체가 누군가에게는 힘든 과정일지라도 제게는 큰 기쁨이지요. 그래서인지 저는 음악이 천직인 사람이라고 생각합니다.

무수한 시간을 들여 음악을 만들어도 전혀 낭비라 느껴본 적이 없습니다. 온전히 집중해 다듬어가는 과정 속에서 결과물 이상으로 소중한 무언가를 얻기 때문입니다. 머릿속 멜로디를 실제로 구현하며 해답을 찾아가는 과정은 반복되지만 때로는 수정한 후 결과가 이전보다 만족스럽지 않아도 그 시간이 실패가 아니라 새로운 가능성으로 나아가는 열쇠가 됩니다. 저는 '집념'이라는 단어를 좋아하지만, 억지로 하기 싫은 일을 해본 적은 거의 없습니다. 사유가 방향을 세웠고, 그 방향이 몰입을 낳았으며, 그 몰입이 음악에 전념으로 이어졌습니다.

음악에 집중하다 시계를 보면 어느덧 아침이 된 줄도 모를 때가 많습니다. 그런 시간이 돌아보면 참 소중하고 사랑스럽습니다.

언어의 묘용

●

사랑을 '사랑'이라는 단어 없이 표현할 수 있을까요? 제 노래들 중 상당수는 사랑을 이야기하지만, 정작 '사랑'이라는 단어는 거의 등장하지 않습니다. 사랑은 말로 정의되는 순간보다 오히려 감각과 행동, 그리고 변화로 드러나는 감정이라고 생각하기 때문입니다.

그렇기에 '사랑'이라는 단어를 굳이 쓰지 않고도, 그 감정의 깊이를 더 잘 전할 수 있다고 믿습니다.

「Marry Me」 가사와 같은 문장들은 '사랑'이라는 단어 없이도 누군가에게 아늑한 고백을 전합니다.

"너와 작은 일상을 함께 하는게 내 가장 큰 기쁨인걸 넌 알까."

「오늘도 빛나는 너에게」

"시간을 넘어 빛이 닿는 세계의 바깥까지 함께."
"얼마나 내가 널 좋아하면 달에 네 목소리가 보여."
「찰나가 영원이 될 때」

"너를 찾은 이유 어쩌면 찾지 않았을지도. 사실 언제 만났어도 지금처럼 너를 좋아했을 거야."
"숨 쉴 수 있는 순간에 한 번 더 너를 안고, 그 품이 그리워 미래에 더 아파할 거야."
「시작의 아이」

"넌 나의 꿈의 언어로 쓰여진 책속에 가장 예쁜 책갈피를 꽂아 영원히 읽어내고 싶은 이야기야."
「별을 담은 시」

"춤추듯 살아가다, 평안함에 이르자."
「너로 자유롭다」

"하늘을 보면, 꽃이 헤엄치는 봄의 꿈과 시로 가득하기를."
「비로소 너에게 도착했다」

이처럼 사랑은 결국 말로 규정되는 것이 아니라, 함께 살아낸 시간과 지켜온 마음이 증명해 주는 것이 아닐까요? 그래서 저는 직접적으로 감정을 옮기기보다(물론 때로는 직접적으로 표현하기도 하지만) 그 이면에 숨어 있는 이야기와 풍경을 작시作詩하려 합니다. 그렇게 함으로써 듣는 분들도 각자의 방식으로 그 감정을 발견하고 자신의 이야기로 받아들이겠지요.

저에게 음악 속 사랑은 단순한 경험도, 단순한 상상도 아닙니다. 그 둘의 경계 어딘가 말로 다 설명하기 어려운 자리에서 태어납니다. 때로는 오랜 기억이 만들어낸 감정일 수도 있고, 미지의 내일에 걸어두는 아득한 동경일 수도 있겠지요.

중요한 것은 그 감정이 경험에서 왔는지 상상에서 비롯되었는지가 아니라, 제 안에서 얼마나 절실했는가 하는 점입니다. 노래는 결국 내 안에 잠들어 있던 마음이 어떤 형태로든 깨어나는 과정이라고 생각합니다.

물론 경험에서 출발하는 경우도 있지만, 그 경험을 있는 그대로 옮기기보다는 디딤돌 삼아 상상과 사유를 덧입혀서 개인의 이야기를 넘어서는 감정의 풍경을 완성하려고 합니다. 그렇게 만들어진 노래는 단순히 한 사람의 기록이 아니라, 시간과 정성을 거쳐 다듬어진 또 다른 세계가 됩니다.

사랑이라는 감정은 시간이 흐를수록 생각보다 조용하고 때로는 지루하며 반드시 아름답기만 한 것은 아닙니다. 꽃길을 걷는 일처럼 예쁜 순간만 있는 것도 아니기에 저는 '더 나은 사랑의 형태'에 대해 고민합니다.

제가 말하는 사랑은 누군가에게 기대거나 불꽃처럼 타오르는 감정이라기보다는, 자신을 들여다보고 상대를 이해하려는 성숙한 마음의 자세에 더 가깝습니다. 감정에 휩쓸리기보다는 감정을 관찰하고, 관계를 소유하려 하기보다는 함께 흐르려는 태도가 중요하다고 생각합니다.

이 책에 담긴 이야기들도 단순한 오피니언Opinion이 아닌 삶의 과정을 통과하며 걸러지고, 다듬어진 마음의 토로입니다. 삶 속에서 마주한 나를 감동시킨 다양한 예술 작품들, 마음을 붙잡았던 문장들, 그리고 저를 스쳐간 사람들과의 만남 속에서 조금씩 더 나은 언어를 찾아왔습니다.

항해

●

작품이 세상과 만나는 순간은 언제나 특별합니다. 앨범 발매를 앞둔 시간 역시 마찬가지입니다. 곡을 세상에 내놓기 직전, 이미 수없이 들어온 음악임에도 마치 처음 듣는 듯한 설렘이 찾아옵니다. 동시에 그것이 사람들에게 어떻게 닿을지 알 수 없는 복잡미묘한 심정도 함께 찾아옵니다. 이 두 감정이 공존하며 음악은 비로소 '내 것'에서 '세상의 것'으로 건너갑니다.

그러나 그 이행移行은 단순한 소유의 이동이 아닙니다. 그것은 마치 긴 항해의 시작과도 같습니다. 한때는 내 고독의 바다에서 유영하던 노래가 이제는 돛을 올리고 세상의 바다로 출항합니다. 그 대양은 넓고 물결은 헤아릴 수 없이 다양하며, 그 위에서 노래는 무수한 삶들을 만나게 될 것입니다.

그곳에서 노래는 더 이상 나의 증언에 머무르지 않습니다. 누군가의 상처를 덮는 파도가 되기도 하고, 잊힌 계절을 다시 불러내는 바람이 되기도 하며, 길 잃은 자를 비춰주는 밤하늘의 북극성이 되기도 합니다. 어떤 노래는 항구에서 누군가의 기억을 걷다 이내 사라지고, 또 다른 노래는 폭풍처럼 몰아쳐 누군가의 가슴에 강렬히 남습니다. 그렇게 의미는 한곳에 고정되지 않고 흩어지며, 흩어지는 만큼 더 멀리 닿아갑니다.

나는 내가 할 수 있는 최선을 다했습니다. 등대지기의 긴 밤처럼, 수많은 시간 동안 홀로 한 음, 한 호흡, 한 문장마다 나의 개척 정신과 혼과 정성을 쏟아냈습니다. 손끝에 남은 피로와 기쁨마저 이 곡의 일부가 되었습니다. 이제 나는 쌓아 올린 것들을 담담히 떠나보내고, 결과는 하늘에 맡긴 채, 또 다른 항해를 향합니다.

이성적으로 설계된 감정

●

상처를 있는 그대로 담아내면 그것은 기록이 아니라 분출이 되고 맙니다. 저는 늘 그 감정에서 한 걸음 물러선 자리에서 창작을 시작합니다. 충분한 시간과 거리가 놓이면 비로소 구조가 보이고 형태가 생기며, 그 안에 흐르는 맥락이 읽히기 시작하기 때문입니다.

촉발은 대개 예고 없이 다가옵니다. 어떤 말 한마디일 수도 있고, 뜻하지 않은 이별이나 오해에서 비롯될 수도 있습니다. 그러나 저는 그런 감정을 곧바로 노래로 옮기지 않습니다. 창작은 감정의 쓰레기통이 아니라, 그 문을 열고 밖으로 걸어 나온 다음에야 시작되는 작업입니다.

상처는 단순한 통증이 아닙니다. 나를 더 정교하게 이해할 수 있는 통로가 되기도 합니다. 누군가의 말이나 행동이 내 안에서 특정한 반응을 일으켰다면, 저는 그 이유를 추적합니다.

'왜 그런 반응이 나왔을까', '그때 나의 심리는 어디쯤을 지나고 있었을까' 하고 곱씹습니다. 이렇게 여과와 정제를 거친 감정이 좋은 곡의 재료가 된다고 생각합니다.

감정을 이야기하되, 그 감정에 휘둘리지 않는 것. 그것이 곡 작업을 업으로 삼는 저에게 있어 창작의 윤리이자 태도입니다. 그래서 제 가사는 일기처럼 적어내는 고백이 아니라, 가장 정밀하고 진실한 언어를 찾아 조립하는 탐구에 가깝습니다.

그래서 저는 이성적으로 설계된 감정이 더 깊은 감동을 줄 수 있다고 생각합니다. 뜨거움만으로는 순간의 몰입은 줄 수 있어도, 오랜 울림을 남기는 데에는 한계가 있을지 모릅니다. 감정을 다루는 작업일수록 오히려 계산과 수많은 실험이 필요합니다. 차가운 이성의 영역 아래에서 감정을 다시 꺼내어 구조화해야 비로소 전달력을 갖춘 작품이 됩니다.

대중이 듣는 음악도 마찬가지입니다. 그 감정이 얼마나 '진짜'였는지는 물론 중요합니다. 그러나 어떻게 가공했는가가 결국 그 감정이 누군가에게 도달하게 만드는 결정적인 요인입니다.

그래서 저는 감정을 다루되, 그것에 잠식되지 않고 기술적으로 잘 세공된 언어와 음악으로 풀어내려 합니다. 그렇게 만들어진 결과물은 단순한 발화가 아니라 조율된 공감이 됩니다.

결국 감동은 뜨거운 마음을 재료 삼아 냉철하고 정밀하게 설계해 낸 끝에 도달하는 울림이라고 생각합니다.

BALMAIN
MIC STAND BOOM
MIC 3

작은 빛, 큰 희망

●

가수가 된 후 수많은 공연과 팬미팅에서 여러 감동적인 순간을 만났지만, 오래도록 가슴에 남은 기억은 한 팬이 건넨 한 통의 손편지에서 비롯되었습니다. 팬들과의 만남은 언제나 따뜻하고 소중하지만 그날의 편지는 달랐습니다. 편지 속 한 문장이 유독 깊게 제 마음을 파고들었기 때문입니다.

"당신의 음악을 듣고 자살을 멈췄습니다."

다소 극적으로 들릴 수도 있는 말이었지만, 그 문장을 마주했을 때 저는 단순한 감동을 넘어 말로는 다 표현할 수 없는 어떤 무게를 온몸으로 느꼈습니다. 이 무게는 일종의 책임감이라 표현하는 것이 맞겠지요.

그 순간은 음악이 단순한 위로를 넘어 누군가의 삶을 붙들어 주는 '실체'가 될 수 있음을 확인한 때였습니다. 그 사람의 마음을 제가 온전히 이해할 수는 없었지만, 그 문장을 통해 전달된 감정은 분명했고, 결코 가볍게 흘려보낼 수 있는 종류가 아니었습니다.

그 순간부터 저에게 음악은 다른 의미로 다가오기 시작했습니다. 처음으로 제가 하는 일이 누군가의 삶에 작게나마 영향을 미칠 수 있다는 가능성을 진지하게 마주하게 되었습니다.

자연스럽게 책임감이 따라왔고, 그 감정은 지금까지도 음악을 만들고 발표할 때마다 저를 이끄는 중요한 기준이 되었습니다. 그 이후로는 어떤 곡이든 세상에 내보내기 전 늘 스스로에게 묻습니다.

"이 노래는 누군가의 인생에 어떤 영향을 미칠 수 있을까?"

사소해 보이는 한 문장, 한 줄의 가사, 단 몇 초의 멜로디가 어떤 이에게는 삶과 죽음 사이에서 균형을 잡아주는 끈이 될 수 있다는 사실을 절감하게 되었습니다.

이 손편지는 단순한 팬의 사연을 넘어, 음악을 만드는 사람으로서 어떤 태도와 윤리를 가져야 하는지에 대한 깊은 질문을 제게 남겼습니다. 그리고 내가 왜 노래를 만드는가를 근본에서 다시 묻게 한 순간이기도 했습니다.

그 이후로 저는 곡을 발표하는 일을 단순히 '작품을 세상에 내는 것'이 아니라, 누군가의 하루와 마음에 곧게 스며들기를 바라는 일로 받아들이게 되었습니다.

음악이 버거운 시간을 건너는 이에게 '다시 한 번 살아가자'는 마음이 되기를, 잠시라도 숨 쉴 틈이 되기를 진심으로 바라며 오늘도 한 음을 오랫동안 붙잡고 있습니다.

음악은 단순한 음의 나열이 아닙니다. 멜로디와 가사, 그리고 연주자들의 마음이 진정성을 매개로 하나가 될 때, 비로소 누군가의 영혼 속으로 나지막이 스며들 수 있습니다.

제 음악의 의지는 언제나 삶을 긍정하는 쪽으로 향합니다. 음악은 순간을 붙잡아 아름답게 만들지만, 동시에 그 순간이 덧없기에 더욱 소중하다는 사실을 일깨워 줍니다. 그래서 누군가가 제 음악을 통해 삶의 가치를 다시 발견하고, 살아갈 동력을 얻었다고 말해준다면, 그것만으로도 음악은 본연의 사명을 훌륭히 완수해 낸 것입니다. 물론 근본적인 어려움이 음악 하나로 완전히 해결될 수는 없겠지만, 음악이 그 안에서라도 작고 빛나는 희망이 되어줄 수 있다는 믿음은 언제나 저를 움직이게 합니다.

직관

●

저는 계산보다 먼저 반응하는 감각을 자주 경험합니다. 특히 사람이나 음악 앞에서 그런 편인데, 머리로 판단하기도 전에 몸이 먼저 움직일 때가 많습니다.

'좋다', '싫다', '해야겠다' 같은 마음은 때로는 이해를 거치지 않고 본능처럼 다가옵니다. 그 순간에는 논리보다 감각이 앞서기 때문에 이유를 찾을 수도 없지만, 시간이 지나 돌아보면 그 선택이 자연스레 맞아떨어지는 경우가 많습니다. 이런 감각은 곡을 만들 때에도 중요하게 작용합니다.

어느 날엔가 이유 없이 어떤 멜로디가 떠오른다면 저는 그 선율을 내내 흥얼거리곤 합니다. 왜 그 멜로디가 끌렸는지 알 수 없었지만, 놓을 수가 없었습니다. 하루 종일, 때로는 며칠 동안 그 음이 머릿속을 맴돌았고 저는 자연스럽게 형태로 옮기기 시작했습니다. 그러다 시간이 지나면서 그 멜로디는 한 사람의 이야기가 되었고, 누군가의 고백이 되었습니다.

처음에는 단지 끌렸을 뿐인데 지나고 나니 왜 그 선율을 붙잡았는지 이유가 생긴 것이지요. 이렇게 설명되지 않지만 강하게 끌리는 순간들이 제 작업 속에는 늘 존재합니다.

이런 감각은 곡을 쓰는 과정에서만 나타나는 것은 아닙니다. 작업에 들어가기 전에도 무의식적으로 반복하는 행동이 있습니다. 작업 전, 저는 대개 방 안 조명을 어둡게 합니다. 편해서 그런 것일 수도 있지만 정확한 이유는 잘 모르겠습니다. 다만 그 어둠 속에 있으면 소리가 더 선명하게 들리고, 감각이 또렷해지는 느낌을 받습니다. 마치 눈을 감았을 때 다른 감각들이 더 예민해지는 것처럼요.

방 안의 불빛이 줄어들면 마음이 차분해지고 작은 소리나 미세한 뉘앙스에도 귀가 열립니다. 이런 작은 습관들이 제 안에서 자연스럽게 자리를 잡았고, 작업의 몰입을 돕는 하나의 신호처럼 작동하는 것 같습니다.

어느 공연장에서였죠. 머릿속의 판단보다 몸이 먼저 움직였던 기억이 있습니다. 관객석을 바라보다가 한 분이 눈물을 흘리고 있는 모습을 보았는데, 그 순간은 정말 단순했습니다. 이유를 묻지도 않았고 계산도 하지 않았습니다. 무대에서 내려가 그분을 안아드렸죠. 옆에서 경호팀이 주춤거리는 기운

이 느껴졌지만 그것은 중요하지 않았습니다. 그저 그렇게 해야만 할 것 같았으니까요. 설명할 수 없는 어떤 힘이 제 몸을 움직이게 했습니다.

음악이 사람의 마음을 건드리는 방식은 결국 말로 설명할 수 없는 것이라는 걸 다시금 깨달았습니다. 영국 밴드 오아시스Oasis의 멤버 노엘 갤러거Noel Gallagher는 자신이 직접 쓴 「Champagne Supernova」의 가사 의미에 대해 스스로 "전혀 모른다"고 여러 차례 밝혔다고 하지요. 즉 제목과 가사 대부분의 명확한 해석 없이, 그저 청자를 위한 감정의 공간으로 남겨두었던 것입니다.

같은 곡에 눈물 흘리는 이유는 사람마다 다릅니다. 어떤 사람에게는 가사가 마음을 울릴 수 있고, 또 어떤 사람에게는 그 노래를 들었던 시절의 기억이 감정을 터뜨릴 수도 있습니다.

노래와 순간, 그리고 그 사람만의 사연이 겹쳐지는 그 지점에서 감정은 파도처럼 밀려드는 것이겠죠.

저 역시 그 공연장에서 그분을 보자, 그런 결집된 감정에 이끌려 움직였던 것 같습니다. 무대 위에서 내려오면 안 된다는 규칙이나 공연의 흐름 같은 것은 별로 중요하지 않았습니다. 그 자리에서 제가 할 수 있는 최선은 그분을 안아드리는 것뿐이라는 생각이 들었거든요. 그때의 감정은 아직도 제 안에 남아 있습니다. 그분에게도 제게도 아마 그 순간은 쉽게 잊히지 않을 것입니다.

어쩌면 음악이 가진 힘이란 바로 그런 것일지도 모릅니다. 설명할 수 없는 감정을 불러일으키고 서로 다른 사람들의 마음을 같은 자리로 이끌며, 아주 잠시라도 경계와 거리를 지워 버리는 힘. 음악은 그렇게 우리를 연결시키고 우리가 인간이라는 사실을 다시 느끼게 합니다.

무대가 끝나고

●

솔직히 말하면, 무대가 끝난 뒤 허무한 감정은 거의 없습니다. 무대에 서서 준비한 노래를 하고, 호응을 이끌어내는 것은 사실 대단한 일이 아니라고 생각합니다. 관객들이 바쁜 시간에 귀한 발걸음을 내어주는 만큼, 그 시간에 부응하는 공연을 만들어야 한다는 마음이 더 큽니다.

저는 긴장을 많이 하는 타입이기 때문에 그만큼 준비를 많이 합니다. 그 준비 과정에서 긴장은 설렘으로 바뀌기도 하고 그 사이의 감정적 차이가 정신적으로 지칠 때도 있지만, 결국 제가 무대를 대하는 태도를 만들어 줍니다.

관객들은 완벽한 모습을 보기 위해 오는 것이 아니라 저와 시간을 나누기 위해 찾아옵니다.

그렇기에 무대에 서는 사람으로서 준비는 최선을 다하되, 그 외의 모든 것을 통제하려 애쓰지는 않으려 합니다. 그렇게 나머지를 자연스럽게 받아들이는 것이 오히려 공연을 더 자유롭게 만든다고 생각합니다.

무대가 끝나고 난 뒤에도 제 마음은 한동안 그곳에 머물러 있는 경우가 많습니다.

그래서 보통 집으로 바로 들어가기보다 집 근처 한강에 나가 혼자 캔맥주를 마시며 모니터링을 하곤 합니다. 무대 위의 제 모습을 다시 보면서 "여긴 이렇게 했어야 했는데", "저기는 괜찮았던 것 같아"라며 중얼거리듯 복기합니다.

하지만 동시에 크게 개의치 않으려 합니다. 요즘은 누가 잘했다, 못했다는 기준 자체가 모호하지 않나 하는 생각이 듭니다. 실제 아티스트의 역량보다 기대가 더 컸다면 부족하게 느낄 수 있고, 기대가 작으면 오히려 더 잘했다고 느낄 수도 있지요. 결국 평가는 상대적인 것이며, 그날의 기분 같은 것입니다. 가장 중요한 것은 지금 이 순간이 멋진 기억으로 남도록, 우리 모두가 행복할 수 있는 무대를 만드는 일입니다.

예전에는 작은 실수 하나에도 크게 흔들렸습니다. 음악도, 무대도 완벽해야 한다는 강박이 있었죠. 하지만 지금은 어떤 것이든 그럴 수 있다고 받아들이게 됐습니다.

인간이기에 불가피한 한계선, 그 안에서 나오는 자연스러움이나 불확실한 순간들이 오히려 보는 사람에게는 또 다른 재미와 추억이 되기도 합니다. 그런 우연성과 빈틈, 예측할 수 없는 여울 역시 우리의 삶과 무대의 일부라고 생각합니다.

2부

삶과 죽음

내 마음의 자리를 내어주는 일

소통에 있어 '말'은 물론 중요합니다. 하지만 그보다 더 내밀한 신호는 말보다 '행동' 속에 담겨 있는 경우가 많습니다.

그래서인지 저는 말보다 그 사람이 살아온 태도와 일상의 무늬를 더 중요하게 여깁니다. 반복되는 선택과 일관된 습관이야말로 그 사람의 진심이자 실제를 가장 정확히 드러낸다고 믿습니다.

말은 그저 참고일 뿐입니다.

어떤 이는 자신의 말로 '이런 사람으로 보이고 싶다'는 의지를 드러내곤 하지만, 저는 그 말보다 그가 어떤 선택을 해왔는지, 무엇에 시간을 들여왔는지를 더 눈여겨보게 됩니다.

결국 사람을 말로만 이해할 수 없듯, 말을 듣는 태도에서도 진심은 드러납니다.

대답을 준비하는 생각을 내려놓고 상대의 마음이 내 안에 잠시 머물도록 자리를 내어주는 일.

저는 타인의 말을 온전히 듣는다는 것이 바로 그런 태도라고 생각합니다.

우리는 흔히 누군가가 말을 꺼내기 무섭게 이미 동의하거나 반박할 준비를 하곤 하죠. 그러나 진정 듣는다는 것은 그런 반응을 멈추고 말 뒤에 숨은 감정과 맥락까지 살피는 태도를 의미합니다. 말은 텍스트지만 감정은 맥락 속에서 드러나니까요.

눈빛, 숨결, 머뭇거림 같은 미세한 징후까지 놓치지 않으려 할 때, 그 말은 비로소 진짜 무게를 갖게 됩니다.

이는 단순히 이야기를 받아들이는 차원을 넘어 그 사람의 세계를 존중하는 행위이기도 합니다. 무엇보다 상대가 내 안에 잠시 존재해도 좋다는 조용한 허락을 건네는 일이기도 합니다.

그가 어떤 생각과 마음을 지녔든, 당신의 이야기는 나에게 가치가 있다고 말 없이 전하는 순간이죠.

그래서 누군가의 말을 온전히 듣기 위해서는 그 사람을 판단하거나 서둘러 정리하려 하지 않고 한 사람의 마음이 흐르는 강물처럼 스쳐 지나가게 두는 것이 필요합니다.

사람은 본디 입체적이고 복잡한 존재입니다.

진정한 듣기란 말하는 내용을 받아들이는 것을 넘어 내

안에 자리 잡은 신념, 가치관, 관념 심지어 허구마저도 잠시 내려놓는 용기를 필요로 합니다.

내 해석을 잠시 멈추고 판단의 잣대를 내려놓을 때 비로소 그 사람이 있는 그대로 드러나고, 그 존재가 내 안에서 자유롭게 움직일 공간을 얻습니다.

그렇기에 상대의 말과 감정을 완벽히 이해하려 애쓰기보다 그가 어떤 모습으로든 그 공간 안에 존재하도록 허락하는 일이라고 생각한다면, 경청은 어쩌면 나 자신을 비우는 일과 닮기도 한 것 같습니다.

이러한 듣기의 태도는 사람과의 관계뿐 아니라 음악을 대하는 제 작업 방식에서도 고스란히 드러납니다. 음악 역시 하나의 '말'이자 누군가의 진심을 듣는 일이기 때문입니다.

제게 문학을 가르쳐주신 고故 이외수 선생님께서는 "좋은 대화든 좋은 글이든, 여백이 없으면 숨을 쉴 수 없다"라고 말씀하신 적이 있습니다. 그때 저는 깨달았습니다. 듣는다는 것은 말의 내용으로 상대를 규정하는 일이 아니라, 그가 편히 머물 수 있는 공간을 내어주는 일이라는 것을요. 음악 또한 해석의 틈과 여백을 지닐 때 비로소 더 큰 생명력을 얻습니다.

예를 들어 애니메이션 『진격의 거인』은 탄탄한 세계관과 치밀한 복선 회수로 정밀한 서사를 완성하면서도 다양한 해석의 여지를 남겨 대중을 감동시킵니다.

음악도 그렇습니다. 듣는 이가 각자의 방식으로 해석하고 머물 수 있는 여백을 남겨야 합니다. 단순히 듣기 좋은 소리를 넘어, 각자가 의미와 재미를 발견할 수 있게 하되, 그 과정에는 만족스러운 귀결이 따라야 합니다.

더 나아가 세상에 내놓는 음악에는 명확한 메시지가 필요하며, 그 메시지는 쉽게 대체될 수 없어야 한다고 생각합니다.

제가 만든 음악은 일단은 저에게 만족스러워야 하며, 엄격한 기준 아래 꼼꼼히 검수되어야 합니다. 이것이 절대적인 정답은 아니겠지만 저는 늘 오래 바라보고 깊게 고민하는 태도로 창작에 임합니다.

혼자 집중하고 고민하는 시간 못지않게 누군가와 함께 음악을 듣는 순간에도 깊은 가치를 둡니다.

굳이 말을 꺼내지 않아도, 귀를 기울이는 그 자세만으로 충분한 소통이 가능하다는 것을 느꼈던 순간들입니다.

어쩌면 진짜 교감은 말이 아닌 침묵 속에서 일어나는 것일지도 모릅니다. 함께 앉아 어떤 곡을 들으며 그 곡의 질감과 호흡을 함께 느낄 때 우리는 서로의 마음 가까이에 다가갑니다.

특별한 말이 오가지 않아도 그 순간은 의미있던 때가 생각납니다. 엘피바에서 동료들과 동경하던 음악가들의 노래를 따라 부르며 각자가 사랑하는 음악을 함께 들을 때 느껴지는 그 깊은 교감은 쉽게 잊히지 않는 추억으로 남습니다. 그런 순간들은 매번 찾아오는 것이 아니기에 더욱 소중합니다.

같은 공간, 같은 음악.

그 순간이 말보다 더 깊은 공명을 이끕니다. 감정은 언어를 통하지 않아도 음악을 타고 흐를 수 있습니다.

뮤지션에게 진짜 실력은 '무엇을 연주할 수 있는가' 보다 '무엇을 끝까지 들을 수 있는가'에 달려 있다고 믿습니다.

누군가의 말과 음악에 끝까지 귀를 기울이는 태도가 가장 정제된 존중이며 가장 깊이 있는 대화 방식입니다. 내가 무엇을 원하고, 어디에서 내 이야기를 쓰고 있는지에 대한 자각이 있을 때 '듣는 행위'는 더 큰 의미와 가치를 드러냅니다. 결국, 누군가의 이야기를 고이 받아들이는 건 내 마음의 자리를 내어주는 일입니다.

관계의 모양

●

관계의 모양은 다양합니다.

새로운 관계를 마주할 때 제가 가장 소중히 여기는 가치는 '신뢰'입니다.

하지만 신뢰는 단지 오랜 시간 함께했다고 해서 생기는 것이 아니며 오히려 시간이 흐르면서 흐려지는 경우도 자주 마주했습니다.

신뢰란 말이 아닌 태도에서 비롯되고, '역할에 대한 자각과 향상심', '예측 가능한 진심', '일관된 자세'가 시간 위에 조금씩 퇴적된 결과라고 믿습니다.

저는 말보다 '삶을 닮은 일상'에 무게를 둡니다.

누구나 좋은 말을 할 수 있지만 그 말이 그 사람의 일상과 얼마나 겹치는가가 신뢰의 기준입니다. 그리고 관계란 가까워졌다고 해서 반드시 편안해져야 하는 것은 아닙니다.

관계가 건강하게 유지되기 위해서는 각자가 자신의 자리를 정직하게 지켜야 할 겁니다. 한 사람이 자신의 몫을 놓쳤을 때, 그 무게는 결국 다른 누군가의 어깨 위로 흘러들기 때문이지요. 그래서 저는 '내 일을 잘하는 것'이 곧 타인에 대한 예의이자 관계를 유지하는 가장 기본적인 도리라고 생각합니다.

그리고 무엇보다 중요한 건 고마운 일에 진심으로 감사할 줄 알고, 잘못한 일에 마음 깊이 미안해할 줄 아는 태도 아닐까요? 흔한 말 같지만 그런 사람은 드뭅니다. 성숙한 관계란 결국 고마움과 미안함을 자각하고, 그것을 행동으로 반영할 수 있을 때 이루어진다고 생각합니다. 그 안에는 모든 인간관계를 관통하는 진정성과 책임감, 그리고 상대를 소중히 여기는 마음이 담겨 있습니다.

만약 어느 정도의 느슨함을 허락하더라도, 관계를 지탱하는 데에는 적당한 예의가 필요하다고 생각합니다. 관계 속에서 불편함이 없어야 한다는 집착은 오히려 더 큰 문제를 낳을 수도 있습니다. 불편함은 경계를 지키라는 자연스러운 신호이기도 하기 때문입니다.

이 경계를 넘지 않으려는 섬세한 감각은 마치 '용의 꼬리를 건드리지 말라'는 격언처럼 중요합니다. 누군가에게는 건드려

서는 안 되는 영역인 역린逆鱗이 분명히 존재하며 이를 인지하고 존중하는 것이 관계 유지에 필수적이라 생각합니다.

이처럼 경계를 존중하는 일은 관계를 지탱하는 힘이 됩니다. 그러나 관계가 언제나 동일한 모습으로 지속되지는 않습니다. 때로는 끝맺음을 맞이하기도 하지만, 그것이 곧 단절을 뜻하지는 않습니다. 저는 '끝'이라는 개념조차 절대적이지 않다고 봅니다. 우주의 이치처럼 모든 것은 끊임없이 변하므로, 관계의 끝은 닫힌 문이 아니라 새로운 길로 이어지는 문일지도 모릅니다.

그런 관점에서 누군가가 떠났을 때 슬퍼하기보다는 그저 머물렀음에 감사하는 마음을 가집니다. 그 관계가 있었기에 내가 지금의 나로 설 수 있었다는 사실을 기억하며 그 작별마저 품어 안는 것이 진정한 끝맺음이자 새로운 시작일 테니까요.

시간

●

어쩌면 우리 모두의 이야기일지도 모릅니다.

시간이 지나서야 비로소 의미가 선명해지는 순간이 있습니다. 예전에는 스쳐 지나갔던 배려와 친절이 뒤늦게 마음 깊은 곳까지 닿을 때가 있지요. 그때는 대수롭지 않게 여겼던 작은 행동들이 사실은 나를 더 나은 사람으로 이끌었고, 그들의 존재를 더 아련하게 떠올리게 만듭니다. 그 배려와 친절을 당연시하던 때가 있었고, 그 사실조차 자각하지 못하던 시절도 있었습니다. 하지만 지나고 나서 돌아보면 '참 많은 사람들이 나를 보듬어 주고 배려해 주었구나', '그래서 지금의 내가 있을 수 있었구나'라는 생각이 듭니다. 참 감사한 마음이 많이 남아있습니다.

저는 미국과 한국에서 여러 선생님들을 만났지만, 제게 가장 큰 가르침을 준 스승은 결국 레코드 속에 있었습니다. 음반에서 흘러나오는 보컬과 프로듀서들의 걸작을 탐구하며 많은 것을 배웠습니다. '그들도 결국 나와 비슷한 성대를 지녔고, 위대한 아티스트들의 음악을 들으며 유사한 경탄驚歎을 느꼈을 텐데, 어떻게 그 감정을 이토록 탁월하고 고유한 기술로 아름다운 진동을 창조해 감각적으로 구현할 수 있었을까?', '지금 이 영감을 어떻게 내 음악 속에 체화할 수 있을까?', 때로는 '나라면 이 대목에서 이렇게 표현했을 것 같은데…'와 같은 물음과 사유들이 끝없이 제 안을 맴돌며 저를 성장하게 했습니다.

이유를 따지고 들어가면 고차의 공식처럼 복잡한 원리와 기술적 조율들이 숨어 있을 겁니다. 호흡을 내보내는 속도와 방법, 그리고 내가 하고 싶은 이야기가 내 안에서 어떻게 정해지는지, 무엇을 표현하고 싶은지에 대한 고민 속에서 저는 유명한 팝 뮤지션들에게서 많은 영향을 받았습니다. 최대한 가까워지려 노력했고, 언어로 표현되지 않는 그 순간들을 세포 하나하나가 유기적으로 닮아가려 애썼습니다.

그렇게 20세기 팝Pop, 알앤비R&B 음악 속 수많은 음반과 노래들이 저의 진정한 스승이었습니다. 음악을 들을 때마다 과거에 그냥 흘려 보냈던 디테일들이 어느 날 깊이 이해되는 순간이 찾아옵니다. 마치 시간이 흐른 뒤에야 어떤 사람의 배려와 친절이 크게 다가오는 것처럼요. 그 작은 깨달음들이 지금의 저를 만들었고, 앞으로도 저를 자라게 할 것입니다.

그렇기에 저는 지금도 배우는 사람의 자리에 서 있습니다. 제 음악이 결코 완성이라 부를 수 없는 이유도 여기에 있습니다. 다만 언젠가 누군가가 제 노래를 다시 들었을 때, 그 안에서 작은 빛 하나를 발견한다면 그것으로 저는 더 바랄게 없습니다. 음악은 제 이름을 새기기 위한 것이 아니라, 저를 지나 세상으로 흘러가 누군가의 시간에 닿아야 할 것이기 때문입니다.

저는 그 흐름 속에 잠시 머무는 사람으로서, 제 몫을 다하려 합니다.

STUDIO MONITOR
NEIGHBORHOOD.
Yohji Yamamoto
155, RUE SAINT - MARTIN
75003 PARIS

죽음이 남긴 노래

●

죽음은 제게 삶의 무게를 다시 재어 보게 했습니다. '내일이 오지 않을 수도 있다'는 인식은 두려움이 아니라, 살아 있는 모든 순간을 허투루 쓰지 않겠다는 다짐입니다. 인생은 짧고 시간은 너무도 빠르게 흐르기에 저는 더 이상 망설이지 않기로 했습니다. 삶을 낭비하지 않기 위해 저는 열심히 세상의 지식을 몸과 마음으로 익혔습니다.

그러나 단순히 아는 데 그치지 않고, 그것을 삶 속에서 체득해 적재적소에 쓸 수 있는 사람, 곧 지혜로운 사람이 되기를 소망하며 오늘도 노력하고 있습니다.

그렇게 하루를 채워가다 보면 제 안에 쌓인 감정들이 음악으로 피어나고, 그 안에는 살아 있음에 대한 고마움과 한 사람이라도 위로하고 싶은 마음이 자연스럽게 스며듭니다.

삶은 언제나 불완전하고 관계는 흔들립니다. 그럼에도 그 안에서 내가 진심으로 머물고자 했던 순간들, 그 시간을 지나며 얻은 크고 작은 깨달음들이 나를 노래하게 합니다. 음악을 만든다는 것은 어쩌면 그 순간들을 다시 들여다보고, 흩어진 그리움을 다시 불러내는 일이기도 하니까요.

그래서일까요? 저는 한때 '마침 내가 노래를 쓰기 위한 몇 가지 조건을 갖춘 사람이었고, 행운의 덕도 있었기에 그것을 업으로 삼게 되었다'고 생각했습니다. 그러나 돌이켜보면 그것은 어느 날 갑자기 내린 결심이 아니라, 삶 속에 스며들듯 자연스럽게 흘러 들어온 일이었습니다.

주어진 생을 밀도 있게 살아내려는 이유 중 또 하나는, 아마도 제 존재 자체가 이미 하나의 빚 위에 놓여 있다는 사실을 알고 있기 때문일 것입니다. 저와 형은 한 살 터울인데, 사실 형과 저 사이에 태어날 수 있었던 또 다른 생명이 있었습니다. 당시 집안 형편은 몹시 어려웠고, 안타까운 사고로 그 아이는 세상과 인연을 맺지 못했다고 합니다. 그렇게 원래라면 5월에 태어났을지도 모르는 그 아이 대신 제가 세상에 나오게 된 것입니다. 어떻게 보면 저는 태어나지 못한 그 생명의 몫까지 짊어지고 살아가는 사람인지도 모릅니다.

그렇게 제가 살아 있다는 것이 하나의 생명 빚을 지고 있다고 느껴집니다. 그 빚을 다 갚을 수는 없겠지만, 제가 받은 삶을 조금 더 의미 있고 충실하게 살아내려 합니다.

생의 향연을 노래하고 누군가에게 위로가 되고 싶다는 마음. 그 감정의 뿌리는 아마도 아주 오래전 제게 처음 따뜻함을 심어준 한 사람에게서 시작되었는지도 모릅니다.

어린 시절, 저를 보살펴주신 할머니.

제게 할머니는 엄마와도 같은 존재였고, 항상 사랑으로 제 곁을 감싸 주셨습니다. 할머니는 늘 "너는 참 빛나는 아이야"라고 말씀하시곤 했지요. 그 짧은 말 속에는 평생을 두고 새겨야 할 깊은 함의가 담겨 있었습니다. 그 말은 저에게 하나의 주문처럼 남아, 스스로를 믿게 해준 첫 목소리였는지도 모릅니다.

제가 작곡한 곡들이 꼭 할머니만을 위한 곡이라고 말할 수는 없지만, 첫 감정의 뿌리를 준 존재가 누구냐고 묻는다면 망설임 없이 할머니라고 말할 수 있습니다.

2019년 3월 할머니가 세상을 떠나셨고, 같은 해 6월에 제 곡이 세상에 나왔습니다. 그건 우연이라기보다 할머니가 제게 마지막으로 선물을 주고 가셨다는 생각이 듭니다. 그 곡, 「오늘도 빛나는 너에게」는 제 마음 한편에서 당신이 얼마나 빛나는 사람이었는지를 전하고 싶었던 이야기였습니다.

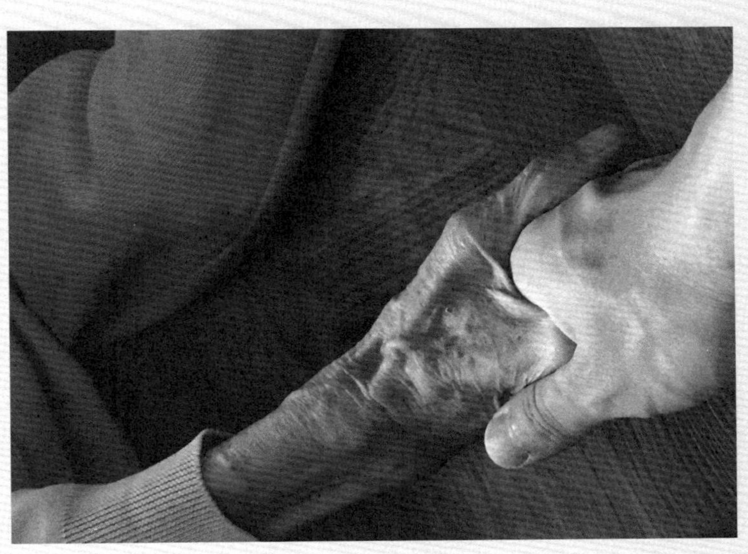

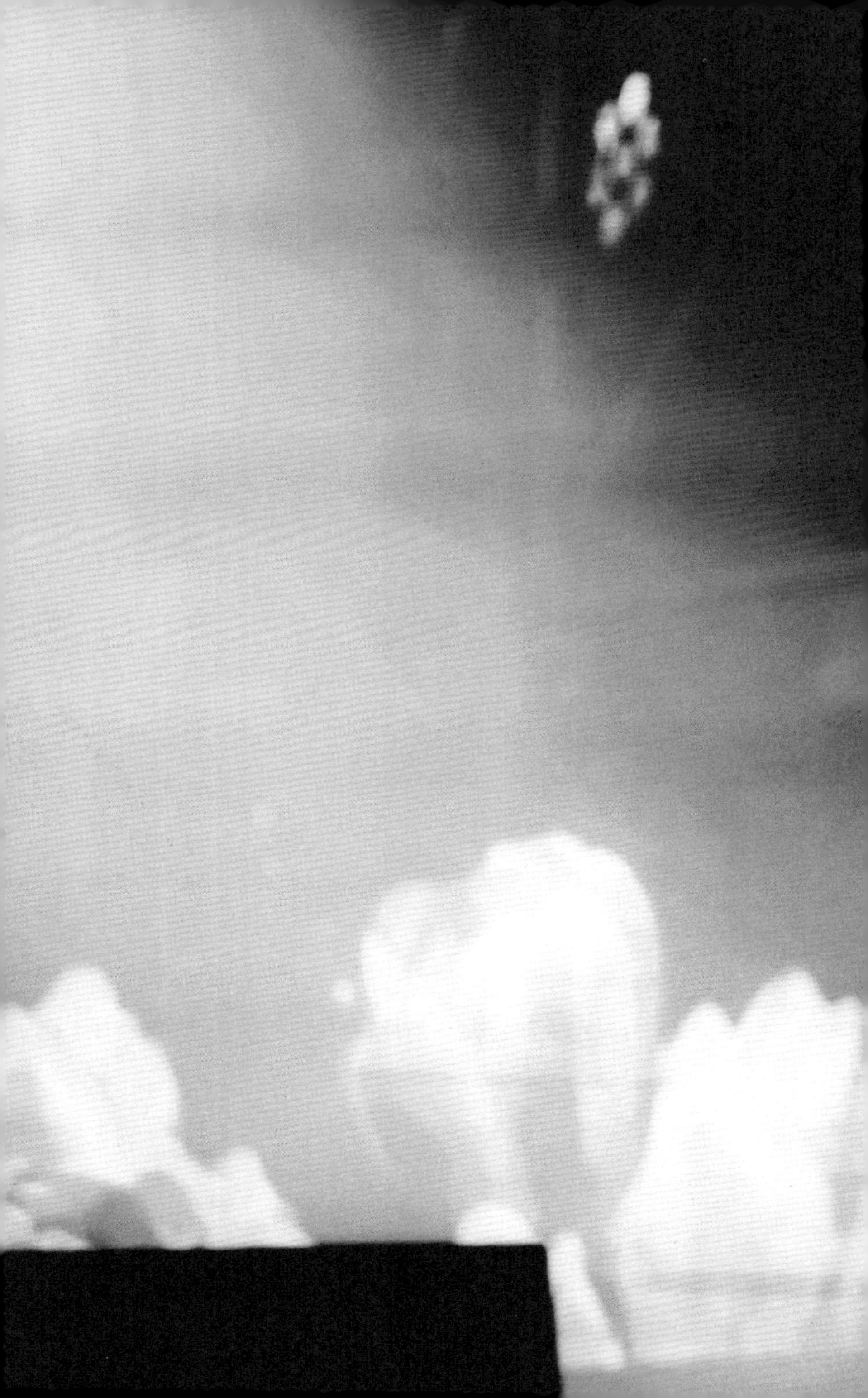

기다림

●

기다림이 길게 느껴질 때는 마음이 텅 비어 있는 경우가 많습니다. 반대로, 기다림이 짧게 느껴지는 순간은 몰입할 수 있는 일이 여럿 있을 때입니다.

음악 작업, 글쓰기, 연습, 운동처럼 서로 다른 성격을 가진 일들이 하루 속에 자연스럽게 섞이면, 시간은 생각보다 훨씬 빨리 흘러갑니다. 결국 기다림은 빈 공간에서 길어지고, 채워진 공간에서 짧아집니다. 그렇다고 해서 기다림이 늘 가볍기만 한 것은 아닙니다.

때로는 어디로 향할지 알 수 없는 향방이 불안을 키웁니다. 그러나 인생은 태생적으로 불확실성 속에 놓여 있습니다. 결과가 확실하지 않다는 것은 이상한 일이 아니라, 오히려 당연한 상태입니다. 이 사실을 받아들이면 '왜 불확실한가'라는 질문 대신 '그렇다면 지금 무엇을 할까'로 생각이 바뀝니다.

불확실성은 두려움의 근원이 아니라, 우리가 살아가는 우주의 기본 환경이기 때문입니다.

기다림을 견디게 하는 힘도 이런 인식에서 나옵니다.

"어차피 인간은 죽는다."

이 말은 얼핏 냉정하게 들리지만, 저에게는 강력한 해방감을 줍니다. 우리가 집착하는 고락苦樂의 윤회들이 결국 사라진다는 사실은 현재를 훨씬 가볍게 만들어줍니다. 기다림 역시 그 맥락 속에서 한층 견디기 쉬워집니다. 끝이 정해져 있다는 것을 알면, 과정은 덜 두렵고 더 선명하게 다가옵니다.

"어차피 인간은 죽는다"라는 말이 주는 묘한 홀가분함은, 단순한 심리적 위안이 아니라 일종의 배움이었습니다. 죽음은 모든 것을 상대화합니다. 끝이 있다는 사실을 깊이 자각하면, 기다림조차 다른 빛깔을 띱니다.

'언젠가 끝날 것'이라는 확실성이 그 시간을 오히려 더 가치있게 만듭니다. 끝을 알기에 순간은 더 선명해지고, 기다림마저도 하나의 경험이자 기회로 변합니다.

그와 동시에, 희망이라는 감정도 늘 가볍지만은 않습니다. 때로는 그것이 삶을 짓누르는 무게가 되기도 합니다. 적당한 강도의 운동은 근육을 단련시키지만, 지나치면 인대나 관절을 상하게 하듯이, 희망도 그 방향과 태도에 따라 전혀 다른 결과를 낳습니다.

애초에 나와 인연이 없는 희망을 오래 품고 있다면, 그것은 빛이 아니라 사슬이 됩니다. 중요한 건 그 희망이 나를 앞으로 나아가게 하는지, 아니면 한자리에 붙들어두는지 살피는 일입니다. 희망을 품는다는 건 곧 '가만히 있어도 언젠간 좋아질 거야' 하는 막연한 기대가 아니라, 우리를 살아가게 하는 힘을 선택하고 스스로를 밝은 쪽으로 이끄는 일입니다.

기다림 끝에 성과가 예상보다 작았던 순간에도 저는 거의 피드백을 하지 않는 편입니다. 콘텐츠 시장은 10개 중 1개만 성공해도, 그 하나의 성공이 나머지 아쉬운 결과를 충분히 만회하는 구조를 갖고 있습니다. 그래서 어떤 곡의 성적이 기대에 미치지 못하더라도 실망하지 않습니다. 제 시선은 이미 다음 곡, 다음 흐름을 향해 있습니다.

음악가에게 중요한 건 과거의 결과보다 앞으로 이어질 창작이기 때문입니다.

물론 아무런 피드백이 없는 것은 아닙니다. 다만 그것을 문서나 회의 속에 기록하는 대신, 무의식 속에 저장합니다. 시간이 지나 다음 곡을 만들 때, 그 경험이 보이지 않는 곳에서 작동하며 음악의 공감적 요소들을 심화시킵니다.

그것은 의도적으로 수정한 개선이라기보다 시간이 만든 자연스러운 성장에 가깝습니다.

그래서 저는 언제나 숫자보다 흐름, 그리고 음악가로서의 전체적인 서사를 더 중시합니다. 음악은 단기적인 승패보다 바다로 흘러가는 강물처럼 꾸준히 좋은 작품으로 이어지는 것이 더 중요하다고 믿습니다.

그렇다고 해서 작은 실망이 마음에 전혀 흔적을 남기지 않는 것은 아닙니다. 때로는 그 잔흔이 생각보다 깊이 남아, 불안이나 초조함으로 번질 때가 있습니다. 그럴 때 저는 멈춰 서 있는 대신 몸을 움직입니다. 머릿속이 복잡할수록 단순한 걷기나 뛰기가 가장 효과적입니다. 걸음이 반복되면 생각이 단순해지고, 호흡이 어떤 리듬을 찾으면 마음의 파동도 가라앉습니다.

초조함은 정지 속에서 커지지만, 움직임 속에서는 바람에 흩날리는 구름처럼 서서히 사라집니다. 음악이 흐름 속에서 생명을 얻듯, 삶 역시 일정한 박동 속에서 안정과 방향을 되찾습니다.

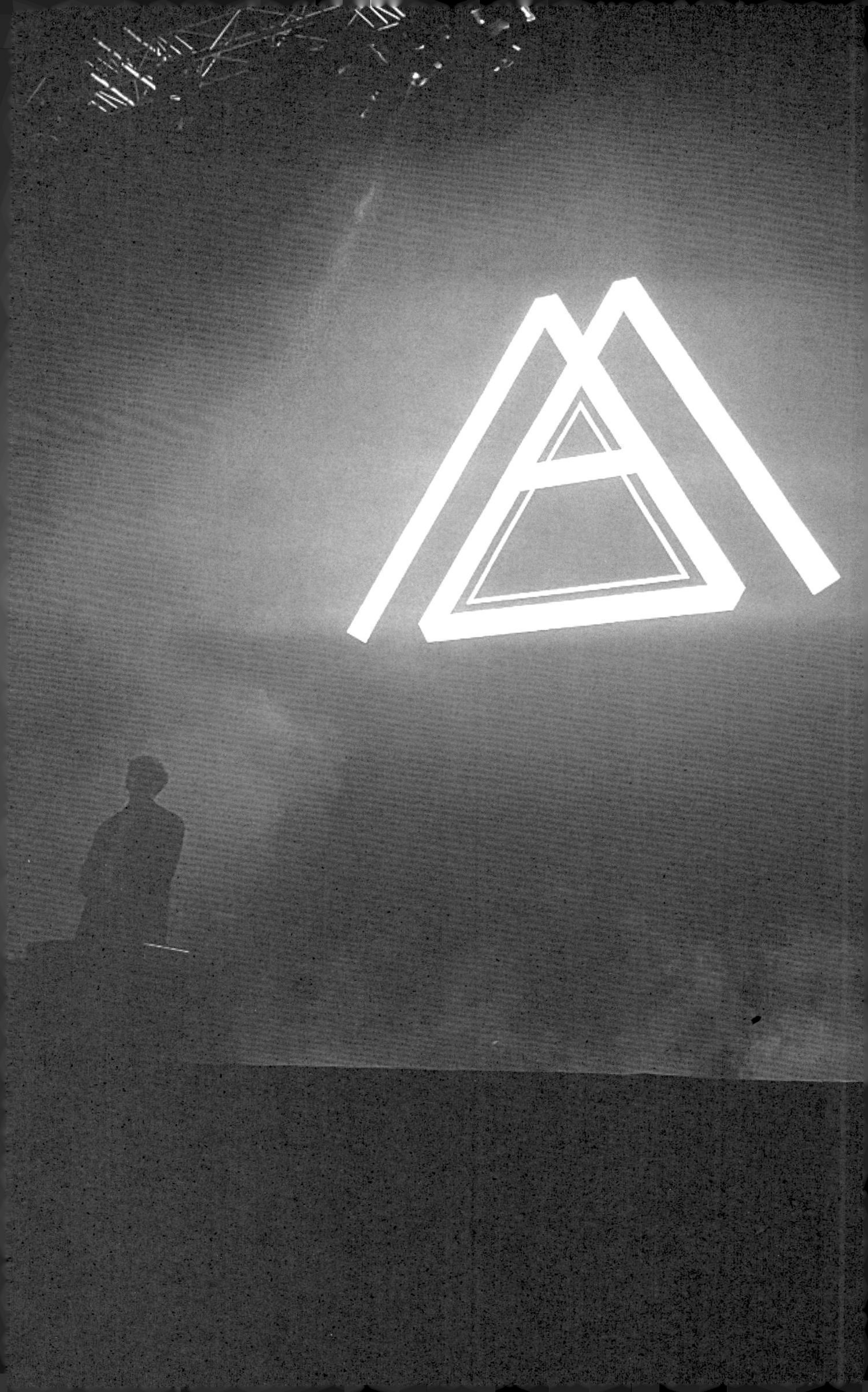

빛과 그림자

●

사람들은 흔히 무대 위에서 조명이 쏟아지는 때나 차트 위에서 이름이 반짝이는 순간을 '성공'이라 부릅니다. 하지만 제게 그것은 단순한 하나의 개인적 사건일 뿐, 삶 전체를 규정하는 장면은 아닙니다.

성공이라는 단어는 언제나 타인의 시선과 연결되어 있기에, 그 기준에 맞추려 하면 제 자신을 놓치게 됩니다. 저는 그보다 '내가 원하던 소리를 끝내 찾아냈을 때' 혹은 '낯선 길에서 좋은 노래를 발견했을 때' 같은 사적인 순간에서 행복을 느낍니다. 그 순간들은 거창하지 않고 오히려 사소하면서도 왠지 앞으로도 계속 이어질 것 같은 느낌입니다.

세상이 말하는 성공은 긴 과정의 하늘에 잠시 걸렸다 사라지는 무지개와 같습니다. 무지개가 뜨는 것은 참 감사하지만, 어차피 그 무지개는 곧 흩어지기에 집착할 필요는 없습니다.

일곱 빛깔이 스쳐 간 자리에서 그저 "즐거웠다" 하고 웃을 수 있다면, 그것으로 충분합니다.

누군가 저에게 거는 기대는 언제나 고마운 마음으로 받아 들이곤 합니다. 하지만 동시에 그것을 짊어지고 가기에는 제 그릇이 아직은 작기에 애써 그 무게를 모두 안으려 하지 않습니다. 그 기대가 저를 옭아매지 않도록 거리를 둡니다.

창작의 중심은 항상 내 안에 있습니다. 노래를 만들고 이야기를 세상에 내놓는 일은 타인의 만족을 채우기보다 나의 심연을 들여다보는 행위에 가깝습니다. 때로는 사람들이 원하는 목소리와 제가 내고 싶은 목소리가 다를 때도 있습니다. 그 차이는 부담을 주기도 하지만, 동시에 타인의 기대에 흔들리지 않고 제 선택을 증명하게 하며, 결국 저를 독립적인 존재로 세워 줍니다.

저는 고유성, 곧 '오리지널리티originality'를 지키는 데 힘을 쏟습니다. 그 길은 더딜지라도, 끝내 제가 꿈꾸던 그림을 온전히 완성하게 해 줄 것이라 믿습니다.

빛이 있으면 그림자가 따르기 마련입니다. 하지만 저는 그림자를 단순히 두려움이나 방해물로 보지 않습니다. 그건 제 삶의 일부이자 제 선택의 결과로 생긴 흔적이기 때문입니다.

규율을 지키며 하루하루를 걸어간다면, 그림자는 저를 흔

드는 존재가 아니라 오히려 길을 더 선명하게 드러내는 배경
이 됩니다. 그림자를 직시하는 순간조차 나의 내면을 돌아보
고, 나를 더 깊이 이해하게 되는 시간으로 바뀝니다. 때로는
그림자가 크고 짙게 드리워지지만 그늘 속을 걷는 경험 속에
서 저는 더 정련되고 빛이 주는 의미를 더욱 명확히 느낄 수
있습니다.

이토록 저에게 중요한 것은 규율입니다.

하루의 기분이나 순간의 성취에 흔들리지 않고 꾸준히 자
기 길을 지키는 마음가짐과 책임감을 우선시하는 것이지요.
그 위에 겸손과 호기심을 덧씌웁니다.

겸손은 빛을 오래 지탱하게 하는 힘이고, 호기심은 그 빛
을 새로운 길로 이끄는 안내자입니다. 어떤 상황에서도 중심
을 잃지 않는 것, 그것이 결국 저를 앞으로 이끄는 가장 단순
하면서도 확실한 힘입니다.

주변의 반짝임이나 찬사의 순간에도 저는 끊임없이 질문하
고 배우며 스스로를 다잡는 과정을 멈추지 않습니다. 그렇게
겸손과 호기심, 그리고 규율이 어우러진 삶 속에서 저는 가
야할 길을 그저 묵묵히 걸어갈 뿐입니다.

서두르지 않아도 된다

●

무너짐은 삶에서 피할 수 없는 순간입니다. 무너짐을 거듭 경험하며 깨달은 것은 '다시 일어서는 것'도 습관이 될 수 있다는 사실이었습니다.

넘어지면 다시 일어나고, 흔들리면 다시 바로잡으면 됩니다. 그 과정에서 얻은 배움 중 하나는 마음의 혼란을 분류하고 정리하는 법입니다. 스스로를 돌아보며 불필요한 감정은 흘려보내고 중요한 것만 붙잡는 태도는 결국 제 음악과 삶을 오래 지탱하는 힘이 되었습니다. 또 하나는 '적당히 신경 끄는 기술'입니다. 세상의 소음과 기대에 휘둘리지 않고 나의 길에만 집중하는 법을 익히면서, 오히려 더 깊고 자유롭게 창작할 수 있었습니다.

"서두르지 않아도 된다."

이 말에는 단순히 느긋하게 살라는 의미만 있는 것이 아닙니다. 음악은 기록이자 과정이고, 그 여정에 담긴 뜨거운 의지가 결국 시대를 넘어 전승됩니다.

빠르게 주목받는 것이 전부가 아니며 다른 사람과 속도를 비교하며 조급할 이유도 없습니다. 자신의 속도를 알고, 자신을 믿으며 한 걸음씩 나아가는 것이 가장 중요합니다.

실패와 좌절, 흔들림도 자연스러운 단계이며 그것들을 경험하고 배우는 순간이야말로 진정한 성장의 시간입니다.

많은 연예인들이 이름이 알려지면 가장 먼저 '자유'를 잃었다고 말합니다. 길을 걸을 때도, 카페에 앉아 있을 때도, 누군가의 시선이 따라붙고 그에 맞는 태도를 유지해야 하니까요. 하지만 제 경우에는 크게 달라진 것이 없습니다.

원래부터 외부 활동보다는 혼자 사유하고, 운동을 하거나 음악 작업에 몰두하는 데서 삶의 대부분의 시간을 보냈습니다. 물론 가끔은 친구들과 여행을 떠나거나 밤새 시시한 대화를 나누는 시간도 소중히 여겼고, 지금도 여전히 그런 일상을 이어가고 있습니다.

사람들이 사진을 요청한다면 기꺼이 웃으며 응합니다. 만약 그 순간이 조금 불편하게 느껴진다면, 그저 자리를 피해 조용한 곳으로 이동하면 될 뿐입니다.

결국 모든 것은 선택이고, 내 축은 내가 지켜야 합니다.

예술가에게 가장 큰 제약은 아이러니하게도 '시간'이라고 생각합니다. 시간이 더 많았더라면 원하는 만큼 몰입해 작품을 끝까지 밀어붙일 수 있을 것입니다. 그러나 현실에서 인생의 무게는 점점 더해지고, 크고 작은 일들이 겹겹이 쌓이면서 창작에 온전히 집중할 수 있는 시간은 조금씩 줄어드는 것 같습니다. 더구나 인간은 늙고 병들며, 끝내 죽음이라는 문턱 앞에 설 수밖에 없습니다. 이 피할 수 없는 유한성 속에서 한순간의 몰입은 더욱 귀해지고, 그 찰나는 도리어 영원의 흔적을 남기게 됩니다.

때로는 '지금 이 아이디어를 놓치면 흩어질 것 같다'는 조급함이 생기기도 합니다. 하지만 저는 그것이 예술가의 삶이 지닌 숙명 가운데 하나라고 생각합니다. 제한 속에서 새로운 방식으로 몰입하고, 주어진 틈을 뚫고 작품을 완성하는 과정에서 예상치 못한 영감이 찾아오기도 하니까요.
자유가 다소 줄었다 느껴질 때에도 그 제약을 또 하나의 재료로 삼으려 합니다. 결국 예술은 완벽한 자유 속에서만 만들어지는 것이 아니라 오히려 부족함과 제약을 넘어설 때, 의미가 더 확장될 가능성도 있습니다.

저는 단지 좋아하는 것에 몰입하며 살아가고 있을 뿐인데 때때로 과장된 시선과 기대가 덧씌워질 때가 있습니다. 그럴 때마다 마치 제가 아닌 어떤 '이미지'를 바라보는 듯한 기분이

들곤 했습니다.

그런 순간에는 제 안의 자유로움이 약간 제한되는 기분도 느꼈지요. 오히려 적당히 억울하거나 손해 보는 상황이 더 마음이 편할 때가 많습니다. 왜냐하면 그때는 굳이 증명할 것도, 과시할 것도 없기 때문입니다.

빛이 강해질수록 그림자도 짙어진다고 합니다. 하지만 저에게 음악의 순간은 그림자가 아니라 제가 선택한 고독의 자리입니다. 무대 뒤에 남겨진 공허함 같은 것도 딱히 느낀 적은 없습니다. 오히려 혼자만의 고요 속으로 깊이 들어갈 때 저는 세상과 가장 가까이 맞닿습니다.

누군가는 그것을 고립이라 부를지 모르지만, 제게는 그 시간이야말로 세상과 가장 긴밀히 이어지는 순간입니다. 서두르지 않되, 쉬지 않고 한 음, 한 문장을 가지고 밤새 주물럭거리며 저는 내 안의 가장 낮은 곳에 다다릅니다. 그때 저는 외부와 단절된 듯 보이지만, 실은 그 적막 속에서 세계 전체와 함께 호흡하고 있습니다.

그래서 저는 혼자가 되는 것을 두려워하지 않습니다. 오히려 개의치 않습니다. 적요는 저를 가두는 벽이 아니라, 나의 본류本流로 이어지는 길이기 때문입니다.

CUTOFF RESONANCE DEPTH PORTAMENTO ATTACK DECAY SUSTAIN RELEASE
EQ
LOW LOW MID / MID F MID HIGH MID / MID G HIGH PAN VARIATION REVERB
CLOCK ARP MOTION SEQ
SWING UNIT MULTIPLY GATE TIME VELOCITY AMPLITUDE SHAPE SMOOTH RANDOM
MOTION SEQ / MANUAL
ASSIGN
SCENE
STORE
OCTAVE
TRANSPOSE

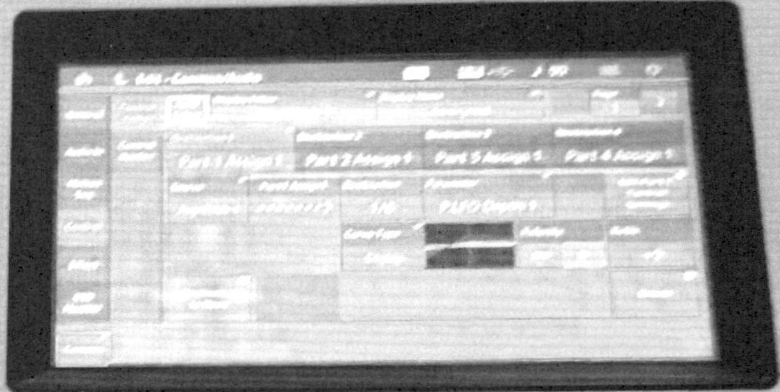

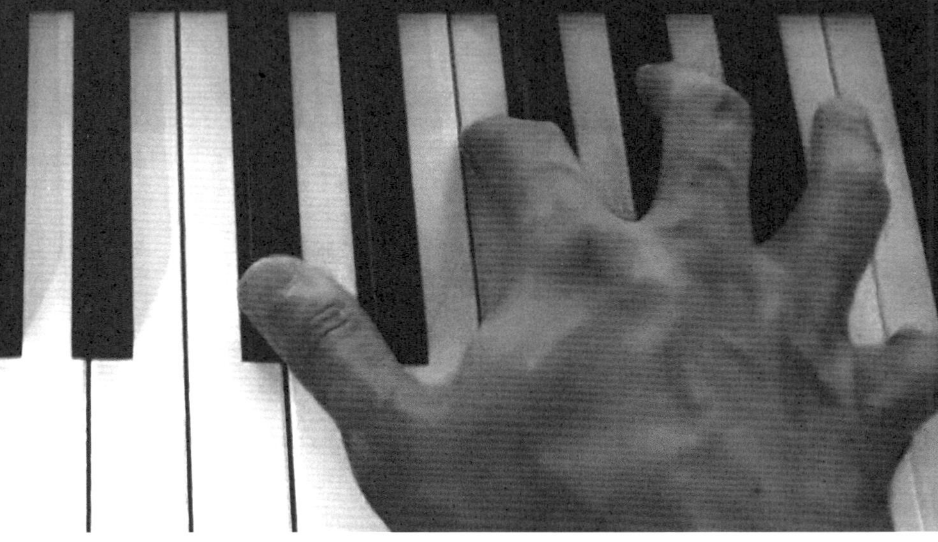

MONTAGE 6/7/8
Create any sound, acoustic or synthetic
with AWM2 and FM-X
Control sound expressively with Motion Control!
Compose Black or White Noises
to view organized groups
of Performances
to explore by
Instrument Category
to listen to Performances
yamaha.com/montage

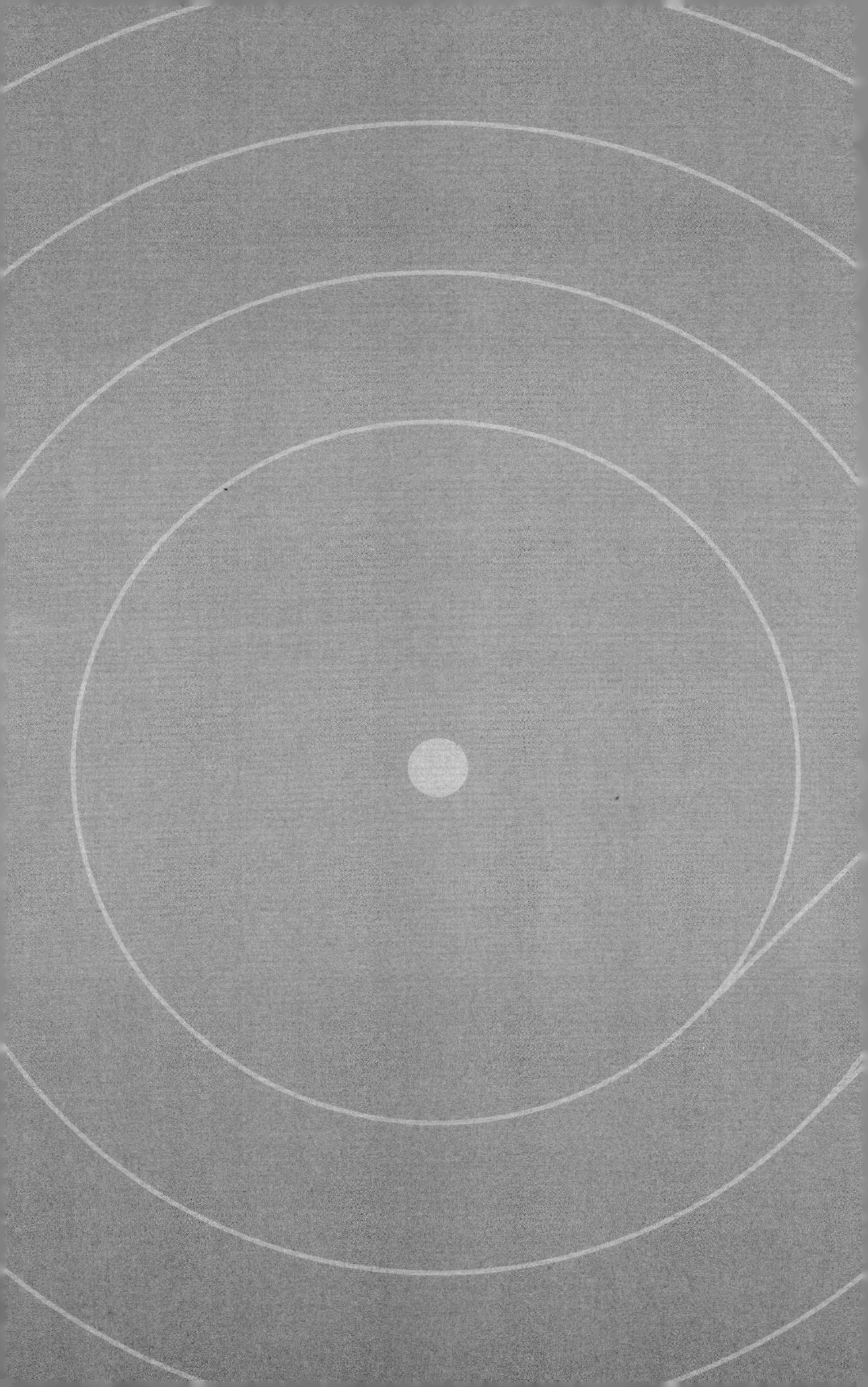

3부

질서와 혼돈

음을 그리다

●

목소리는 단순한 공명이 아닙니다. 그것은 한 존재가 이 세상에 남길 수 있는 가장 원초적인 흔적이며 동시에 자아를 드러내는 악기입니다. 누구에게나 목소리는 주어져 있지만, 그 목소리를 훈련하고 어떤 울림으로 설계하는가에 따라 노래 속 이야기는 전혀 다른 빛을 띱니다. 그래서 언제나 도달하고자 하는 어떤 지점에 가까워지기 위해 스스로를 단련해 왔습니다. 거칠게 남겨진 돌을 갈아내듯 목소리를 다채롭고 단단하게 다져왔습니다.

제가 추구하는 것은 특정한 자아를 드러내는 목소리가 아닙니다.

스스로의 표현에 치우치기보다, 곡이 근원적으로 요구하는 소리와 제 고유한 음이 조화를 이루며 균형을 세우는 일이 더 중요하다고 생각합니다.

곡이 자아를 돋보이게 하기 위해 존재하는 것이 아니라, 곡의 주제 안에서 제 목소리를 비워내어 새로운 색을 만들어내는 일입니다. 어떤 곡은 낮고 어두운 빛깔을 요구하고, 또 어떤 곡은 밝고 투명한 톤을 원합니다. 저는 그 의도에 따라 압력과 공간감을 조율합니다. 목소리라는 하나의 악기를 통해 노래하지만, 한 가지 어법에 갇히지 않겠다는 다짐은 아마 평생 함께할 과제일 것입니다.

기교와 진심 또한 저에게는 떼어낼 수 없는 한 쌍인 불일불이不一不二입니다. 흔히 사람들은 기교와 진심을 나누어 생각합니다. 하지만 저에게는 그렇지 않습니다. 기교가 곧 진심일 수 있고, 진심 속에 기교가 스며들기도 합니다. 담백한 목소리 또한 진심이며 화려한 장식 또한 진심입니다. 결국 중요한 것은 지금 이 곡의 장르와 내용이 어떤 연주를 요구하느냐입니다. 노래란 언제나 순간과 상황, 그리고 감정의 요청에 따라 빚어지기 때문입니다.

돌아보면 제 목소리는 시간 속에서 적층적으로 쌓이며 만들어졌습니다. 록Rock 음악을 즐겨 부르던 시절에는 거칠고 뜨거운 질감을, 알앤비R&B에 빠져 있던 시절에는 화려한 어법과 오묘한 기교를 따라 부르곤 했습니다. 그때의 저는 단순히 흉내 내는 사람처럼 보였을지도 모릅니다. 그러나 지금 돌이켜보면 그 모든 경험들이 제 목소리에 층위를 더해주었다고 봅니다. 오늘의 저는 그 겹겹의 목소리 위에 서 있습니다. 과거의 취향과 순간의 열망, 그리고 그 속에 담겨 있던 진심이 포개져 지금의 소리를 만든 것입니다.

그래서 저는 압니다. 내가 구현하는 소리가 철저히 개인적인 역사에서 비롯되었음을. 동시에 그것은 제가 살아온 시간, 스쳐온 음악, 그리고 쌓아온 훈련이 모여 이루어진 숨결이기도 합니다. 목소리는 결국 삶이 빚어낸 또 다른 나의 형상입니다. 저는 그 위에 정성껏 색을 입혀, 언젠가 나의 노래가 누군가의 마음에 스미는 한 폭의 그림이 되기를 바라고 있습니다.

소리의 연금술

●

언어는 저에게 단순히 감정을 담아내는 그릇이면서 동시에 감정을 빚어내는 도구이기도 합니다. 어떤 순간에는 잠들어 있던 감정을 언어의 형상으로 깨워내고, 또 다른 순간에는 언어가 먼저 길을 내어 그 길 위에서 전혀 새로운 감정이 싹트기도 합니다.

마음은 언어를 입을 때 비로소 제 모양을 갖게 됩니다. 무언가를 말로 옮기는 순간 감정은 더욱 선명해지고, 때로는 이전에 없던 감정조차 언어를 통해 실체화됩니다. 그래서 '작사'란 단순히 마음을 기록하는 일이 아니라, 마음을 발견하고 창조하는 행위라고 생각합니다.

제가 쓴 가사들 가운데 '설명할 수 없는 문장'은 없습니다. 설명하기 어려운 감정은 있을 수 있지만, 문장만큼은 언제나 이유와 맥락을 품고 있습니다. 저에게 가사는 흩어진 단어들의 조합이 아닌 곡 전체의 호흡과 균형을 떠받치는 구조물입니다. 한 줄이 흔들리면 곡 전체가 무너질 수 있기에, 모든 문장은 반드시 치밀하게 맞물려야 한다고 생각합니다. 그렇기에 저는 그럴싸한 수사를 늘어놓는 데 만족하지 않습니다.

문장은 음악의 리듬 안에서 숨 쉬고, 화성의 흐름을 따라 움직여야 하며, 각 단어는 그 자리에 놓일 분명한 이유를 지녀야 합니다. 그렇게 쓰인 가사만이 노래라는 유기체 속에서 살아 움직일 수 있습니다. 언어로 포착되지 않는 감정은 남지만, 그것은 문장의 결함이 아니라 언어가 감당할 수 없는 차원의 문제입니다. 저는 오히려 그 불가해함을 소중히 여깁니다.

결국 제가 쓰는 노랫말은 감정의 기록이자 수학적 건축물입니다. 그 교차점 위에서만 한 곡의 음악이 정체성을 품고 시대의 유산으로 남는다고 믿습니다. 언어는 마음을 담으면서 동시에 새로운 정서를 빚어내고, 음악은 그 언어의 틈새에서 또 다른 차원의 울림을 완성합니다. 저는 그 과정 속에서 비로소 제가 누구인지, 그리고 어떤 이야기를 세상에 남기고 싶은지를 조금씩 알아갑니다.

멜로디는 제게 양면성을 띠며 다가옵니다. 어떤 날은 정말 하늘에서 전해온 선물처럼, 불현듯 제 안에서 울려 퍼집니다. 마치 누군가가 내 안의 현을 살짝 건드려 울리기라도 한 듯

어떠한 선율이 떠오릅니다. 그럴 때면 저는 그것을 우주가 잠시 제게 빌려준 파동처럼 느낍니다. 이런 순간은 노력만으로는 얻을 수 없는, 그야말로 운 같은 것입니다. 별빛이 어둠 속에 스스로 자리를 틀 듯, 부지불식간에 찾아와 밤을 환히 비추어 줍니다.

하지만 멜로디가 언제나 그렇게 다가오는 것은 아닙니다. 오히려 대부분은 땅속 깊이 숨어 있는 광물처럼, 긴 수고 끝에 모습을 드러내곤 합니다. 하루 종일 건반 앞에 앉아 같은 듯 다른 패턴을 수백 번 반복하고, 머릿속을 맴도는 미완의 소리를 붙잡으려 애쓰는 일은 고된 광부의 노동과도 같습니다. 때로는 낯선 도시의 거리나 타국의 골목을 하염없이 거닐다가, 문득 떠오른 음계를 녹음기에 겨우 담아내기도 합니다. 그 수확의 과정은 자신을 파고드는 일이기도 하지만, 바로 그 인내 끝에 마침내 빛나는 결정체가 발견되기도 합니다. 흙과 돌더미 속에서 간신히 건져 올린 작은 원석 하나가, 이후 곡 전체를 지탱하는 기둥이 되기도 하는 것입니다.

저는 이 두 가지가 결코 분리된 것이 아니라고 생각합니다. 하늘에서 건네진 영감의 파동은 결국 내 안에 이미 준비된 공간을 통해서만 담길 수 있고, 내면을 끝없이 파고드는 지적 수고의 순간들 역시 언젠가 찾아올 영감을 맞이하기 위한 토

양이 됩니다. 선물처럼 온 선율도 사실은 오래 축적된 경험과 기억이 한순간에 드러난 모습일지 모릅니다. 그래서 멜로디는 선물이자 헌신이고, 혼돈의 실마리이자 질서의 안식입니다. 저는 그 사이를 오가며 합일에 다가가고, 매번 새로운 지평을 마주합니다.

작곡을 시작할 때 저는 화성, 멜로디, 리듬 중 어느 하나에도 집착하지 않습니다. 그것들은 나중의 문제입니다. 음악의 출발점은 언제나 도구가 아니라 상상력이기 때문입니다. 저는 인도의 어느 작은 마을에서도, 아프리카의 드넓은 세렝게티 초원에서도 노래를 만들 수 있습니다. 건반이나 장비가 없다고 해서 음악이 시작되지 않는 것은 아닙니다. 오히려 제가 만든 곡들의 초안은 대부분 아무것도 없는 상태에서 오직 상상만으로 만들어졌습니다.

세상은 늘 끊임없이 선물을 건네고 있습니다. 새벽 공기 속에 묻어 있는 습도의 입자, 창문 너머로 스쳐가는 바람의 인사, 우연히 스친 사람의 눈빛 하나까지도 모두 멜로디의 씨앗이 됩니다. 문제는 제가 그것을 담아낼 바탕을 갖추고 있는가입니다. 음악의 구조와 전개를 깊이 이해하려는 태도, 스스로의 취향에 대한 확신, 천지만물을 향한 감사, 그리고 마음의 빈 공간이 마련되어 있다면 영감은 언제나 어디서나 흘러듭니다.

저는 그저 그 흐름을 붙잡아 정리하고, 세상에 건네는 역할을 맡을 뿐입니다. 멜로디는 예기치 않게 찾아오기도 하고, 채굴하듯 캐내야 하기도 하지만, 결국 그 두 길은 하나로 합쳐져 나의 노래가 됩니다.

작곡은 결국 질서 속에 감정을 배치하는 일입니다. 세상의 모든 것은 저마다의 흐름과 법칙으로 움직입니다. 별이 태어나고 사라지는 과정, 지구의 자전과 공전, 사계절의 변화, 생명의 탄생과 죽음까지 모두 우주의 질서 위에서 이루어집니다. 음악 또한 그 연장선상에 있으며, 화성과 멜로디, 리듬조차 그 질서와 닮아 있습니다. 작곡가는 그 규칙을 읽어내고, 자신의 언어로 번역하는 존재일 뿐입니다.

하지만 질서는 단순히 자연의 법칙에만 머무르지 않습니다. 인간이 만든 규율 속에서도 질서는 드러납니다. 규율은 자유를 억압하는 것이 아니라, 오히려 자유의 영역을 넓혀 주는 힘입니다. 중력이 있어야 별이 흩어지지 않듯, 음악도 규칙과 구조가 있어야 감정이 흩어지지 않고 제자리를 지킬 수 있습니다. 그 점을 늘 마음에 두고 음악을 만듭니다.

제가 음악을 만들 때 지향하는 것은 분출하고 싶은 감정과 그것을 단단히 지탱하는 구조 사이의 균형입니다. 감정은 자유롭고 순수하게 흘러나와야 하지만, 동시에 무너지지 않도록 받쳐주는 기술적 틀이 필요합니다. 그렇지 않으면 음악은 산만해지거나 설득력을 잃고 맙니다.

그래서 저는 아주 작은 소리에도 귀를 기울입니다. 음과 음 사이의 간격, 멜로디가 감정을 끌어올리는 방식, 리듬이 공간을 채우는 느낌, 그리고 글자의 표현력까지. 이 모든 요소가 얽혀 고유한 세계를 만들어갑니다. 작은 진동 하나가 전체의 균형을 흔들 수도 있지만, 때로는 음악 속에 숨어 있던 힘을 드러내기도 합니다. 그때 음악은 단순한 소리의 집합이 아니라, 살아 있는 존재처럼 제 앞에 다가옵니다.

노래와 작사, 작곡은 단순히 내면을 해석하는 행위만이 아닙니다. 저에게 음악을 만든다는 것은 존재하지 않았던 풍경을 불러내는 마법의 주문과 같습니다. 마음속 작은 파동들을 붙잡아, 멜로디와 가사를 입히는 순간 그것은 하나의 세계로 완성됩니다. 언어도, 개념도 아닌 원초적 진동이 음악을 통해 실체를 갖추게 되는 것입니다. 음악은 내면의 진실을 드러내면서도, 동시에 새로운 현실을 만들어내는 힘을 지닙니다.

그렇기에 제게 음악은 해석이자 창조이며, 기록이자 생성입니다. 단순히 해석에 머무르기에는 음악이 너무 자유롭고, 창조라 단정하기에는 이미 내 안에 있던 진실과 맞닿아 있습니다. 흩어져있던 파편들이 하나의 구조로 모여 음악과 함께 현실로 나타나는 순간, 저는 그 안에서 황홀한 감동을 느낍니다. 음악은 그렇게 삶 속에 스며들어, 흩어진 것들을 한숨으로 모으고 내면과 세계를 하나로 엮어 줍니다.

귀를 기울이면

●

음악을 만드는 과정은 언제나 나 자신으로부터 시작됩니다. 내 안에서 피어나는 작은 떨림과 감정의 파동, 사소한 생각 하나하나를 세심하게 들여다보며 음악의 초석을 쌓아 올립니다. 시작이 나에게만 머무르는 것은 아닙니다. 음악은 결국 타인에게로 향해야만 완성됩니다. 독백으로 시작된 노래는 대화로 변하며, 내 마음을 넘어 누군가와 연결됩니다. 나의 이야기와 감정이 다른 사람의 마음에 닿는 순간, 음악은 비로소 살아 있는 호흡을 얻습니다. 저는 이 과정을 통해 저와 타인 사이의 경계를 넘나들며 음악이라는 매개 안에서 서로를 이해하고 느끼는 시간을 만들어 가곤 합니다.

이처럼 음악은 나 자신과 마주함과 동시에 타인과의 연결을 그립니다. 나와 타인의 경계가 흐려지는 순간 음악이 그 사이를 이어주는 다리가 되어주는 것처럼 말입니다. 그리고 그 다리를 건너며 쌓아온 추억과 감정은 결국 시간이 흘러도 내 삶 속에 남아 증언으로서 자리하게 됩니다.

제 음악 속 사랑의 이야기는 단순한 감정이 아니라, 저의 세계관과 가치관이 깃든 시선이었습니다. 때로는 희망을 향한 갈망이었고, 때로는 상실과 고독을 포용하는 태도였습니다. 창밖으로 스며드는 빛과 그림자가 어우러진 풍경 속에서 저는 내면의 미묘한 떨림을 포착하고 그것을 선율로 옮겼습니다. 그 선율은 때로는 나직한 속삭임으로, 때로는 격정적인 고음으로 퍼져 나갔습니다. 누군가 제 노래를 들을 때, 그는 멜로디와 가사 너머에서 한 인간이 어떤 눈높이로 세상을 바라보았고 그 삶을 얼마나 뜨겁게 살아냈고 사랑했는지를 마주하게 될 것입니다.

저는 음악을 통해 나 자신과 끊임없이 대화합니다. 혼자일 때의 고독, 세상의 소음 속에서 찾아낸 고요, 보이지 않는 차원까지 울려 퍼지는 사랑까지 모두 담아내고, 언젠가 나의 노래가 꼭 필요한 순간의 누군가에게 닿기를 바라며 시를 써 내려갑니다. 음악은 나의 내밀한 기록이자, 내가 살아있음을 입증하는 증거입니다. 그렇게 음악은 제 삶을 남기는 기념 비碑가 됩니다.

노래하지 않는 순간이 오더라도 저는 이미 음악과 함께 살아 있었고, 그 사실만으로도 감사함을 느낍니다. 귀를 기울이면 바람에 흔들리는 나뭇잎 하나에도, 조용히 비치는 햇살 한 줄기에도, 물결 위로 흩뿌려진 윤슬 속에도, 하얀 눈송이의 감촉까지, 우리가 발 딛고 있는 이 땅 위의 모든 곳에 자연의 순리가 깃들어 있음을 듣게 됩니다.

꿈의 조류Dream Tide

●

곡이 완성되는 순간, 종종 '내가 만들었다'는 감각보다 '내가 만들어졌다'는 감각이 앞설 때가 있습니다. 창작은 내가 모든 것을 주도하는 행위라기보다는, 음악이 나를 하나의 길로 삼아 흘러가는 경험에 가깝습니다. 마치 강물이 강둑을 스스로 깎아 물길을 내듯, 곡은 '나'라는 통로를 거쳐 자신의 형상을 세웁니다. 이 과정에서 나는 주체적인 창작자라기보다 매개자에 가까운 자리에 서 있습니다. 내가 몸을 움직이고 있지만, 실은 음악이 나를 움직이게 한다는 느낌이 더 강합니다.

저는 그 이유를 존재의 불가피성에서 찾습니다. 창작은 욕망이나 직업적 사명만으로 설명되지 않습니다. 그것은 생존을 위한 호흡처럼 내 안에서 당연히 작동하는 리듬과도 같습니다.

어쩌면 그것은 제 의지가 아니라, 존재 그 자체가 스스로를 드러내려는 운동일지도 모릅니다.

숨을 멈출 수 없듯, 밀려드는 파도를 거슬러 막을 수 없듯, 창작 역시 심연에서 솟아올라 멈추지 못하는 동력을 가지고 있습니다. 그래서 창작은 내가 선택한 길이라기보다는 나를 선택한 힘에 가깝습니다. 저는 그 힘 앞에 증언자의 역할을 수행할 뿐입니다. 음악은 노력의 흔적이자 꿈을 기록하는 언어이며 '멈출 수 없음'은 단순한 욕망이 아니라 살아 있음이 요구하는 필연입니다.

그렇게 태어난 결과물은 다시 저를 가르치고 깨닫게 합니다. 어떤 곡들은 제가 만들었다기보다 그 곡이 저를 만들어 간다는 느낌을 줍니다. 완성된 노래를 다시 들을 때 혹은 무대 위에서 불러낼 때 제가 미처 알지 못했던 감정이 드러나고, 외면해 두었던 질문들이 문턱을 넘어 들어오는 순간이 있지요.

왜 이런 일이 생길까요?

창작의 과정은 의도와 우연, 계획과 무의식이 끊임없이 교차하는 장입니다. 그 교차 속에서 하나의 화성, 한 줄기의 선율, 한 단어의 호흡이 제 의도를 넘어서는 결합을 만들어내곤 합니다.

그래서 저는 노래를 은유적으로 '꿈의 조류Dream Tide'라 부릅니다. 그것은 현실을 넘어 꿈을 휩쓰는 파도처럼, 끝없이 밀려왔다가 사라지며, 다시 저를 끌어당깁니다.

돌려 들을수록, 반복해 부를수록, 음악은 다른 얼굴을 하고 저를 마주합니다. 그 대면은 종종 저의 태도를 변화시키기도 합니다. 음악이 제 감각을 확장하면 타인의 고통과 기쁨에 더 민감해지고, 그것에 응답하려는 책임감이 생깁니다.

저는 좋은 사람을 "타인의 마음에 길을 내어줄 수 있는 사람"이라고 생각합니다.

음악이 누군가의 하루를 지탱하고 흔들린 마음을 가라앉히며, 때로는 앞으로 나아갈 용기를 건네줄 수 있다면, 그것은 가장 실제적인 이정표일 것입니다.

결국 창작은 내가 결과물을 만드는 과정이면서, 동시에 그 결과물이 나를 다시 만드는 과정입니다. 창조는 음악과 나 사이의 왕복 운동이며, 저는 그 왕복 속에서 조금씩 더 나은 사람이 되고자 합니다. 노래는 그 바다 위에서 언제나 나의 존재를 증언하는 원형의 흔적으로 남아, 꿈의 조류를 타고 표류와 귀향을 오가며 또 한 번의 시작을 부릅니다.

숨결이 바람이 되어도

●

희망을 품는 순간, 절망도 그림자처럼 따라옵니다.

희망은 어둠 속에서 더 또렷이 빛나고, 절망은 빛이 있을 때만 자신의 그늘을 드러냅니다. 고苦와 락樂이 얽히듯, 창작 또한 빛과 어둠이 서로를 전제하는 자리에서 태어납니다.

위로가 되기를 바라며 쓴 멜로디가 어떤 이에게는 상처를 더욱 선명하게 비추기도 하고, 기쁨을 노래한 선율이 누군가의 상실을 배경으로 더 깊이 다가가기도 합니다. 의도와 결과가 반드시 같은 방향을 향하지는 않습니다.

하지만 저는 그것이 잘못되었다고 생각하지 않습니다. 오히려 그 불일치가 음악의 본질에 더 가까울지도 모릅니다. 음악은 언제나 양면을 품는 매개이며 희망과 절망을 동시에 드러낼 때에만 비로소 진실에 닿을 수 있습니다. 그렇기에 절망이 묻어 나오는 순간조차도 저는 자연스럽게 받아들입니다. 그것은 이미 제 안에서 함께 숨 쉬고 있던 두 얼굴이, 단지 다른 빛깔로 드러난 것일 뿐이기 때문입니다.

그렇게 태어난 음악이 만약 제 삶을 넘어 더 오래 남는다면, 저는 그것이 오늘을 살아가는 이들의 등불이 되기를 바랍니다.

내가 사라진 뒤에도 누군가의 마음을 밝히며 '태어나길 잘했다'는 감각을 일깨울 수 있다면, 그것만으로 음악이 존재할 이유는 충분합니다. 음악은 순간을 기록함과 동시에 끝내 꺼지지 않는 불씨로 남아야 한다고 믿습니다. 누군가의 삶 속에서 작은 숨결로 남아 흔들리는 마음을 붙들어 준다면, 그것이야말로 음악이 나보다 오래 살아남아야 하는 진짜 이유일 것입니다.

물론 제가 걸어온 길에는 지우고 싶은 흔적도 많습니다. 미숙한 기술, 덜 다듬어진 표현, 성급했던 호흡이 고스란히 남아 있습니다. 그러나 그것들을 부끄러움으로만 보지는 않습니다. 오히려 그 흔적들이 지금의 저를 만들었고, 실패처럼 보였던 순간들이 밑바탕이 되어 이후의 음악을 더 성장시켰습니다. 완벽만 남는다면 음악은 그저 박제된 모양으로 굳어질 것입니다. 음악은 완전하지 않더라도, 강물이 굽이치며 깊어지듯 그 굴곡 속에서 더 유연하게 퍼져 사람의 마음에 닿을 것이라고 믿습니다.

음악 속의 '나' 역시 고정된 실체가 아닙니다.

학교에서의 나, 가정에서의 나, 무대 위의 나, 그리고 음악 속의 나가 모두 다르듯 어느 한쪽만을 '더 솔직하다'거나 '덜 솔직하다'라고 말할 수는 없습니다. 상황과 맥락 속에서 달리 드러나는 모습들이 모두 '나'이며, 바람이 방향을 달리하며 끊임없이 움직이듯 나 또한 그 변화 속에서 순간마다 다른 얼굴을 드러낼 수 있습니다.

결국 음악은 절망과 희망, 불완전함과 성숙, 수많은 얼굴의 '나'라는 아상我相을 품은 채 붙잡을 수 없는 공空을 맴도는 바람과 같습니다. 그 바람은 멈추지 않으며, 때로는 희망을 건네고, 때로는 잊혀진 그리움을 불러옵니다.

저는 그 풍류를 거스르거나 가두려 하지 않습니다. 대신 바람에 실린 세월을 따라 오늘의 흔적을 노래로 남깁니다. 언젠가 나의 숨결이 바람이 되어 머나먼 하늘로 번져가도, 음악은 이미 다른 이들의 삶 속에서 여전히 살아 있을 테니 그것만으로도 내게 주어진 생에 깊은 감사를 표합니다.

미완성의 아름다움

●

완성은 닫힘이고, 미완성은 열린 가능성입니다. 어떤 멜로디가 흩어져 있는 상태일 때 그 속에 무수한 미래가 깃듭니다. 미완성은 나를 끝없이 불러내는 미래형의 아름다움입니다. 그래서인지 가이드 녹음이나 러프 편곡 버전을 그대로 남기는 경우도 많습니다. 오히려 그 시점에 창작의 에너지가 가장 풍부하게 깃들어 있습니다.

미완성은 닫힌 문보다 열린 문틈으로 스며드는 빛의 각도처럼, 늘 저를 어딘가로 불러내며 움직이게 합니다.

예술의 아이러니도 이와 닮아 있습니다. 아름다움을 절대적으로 추구할수록 인간의 불완전함이 함께 부각됩니다. 그러나 인간의 미숙함은 피해야 할 것이 아닌, 필연적인 그림자입니다. 그것이 수면 위로 드러날 때, 작품은 더 진실해지고 깊은 울림을 갖게 됩니다.

사실 완성도라는 것은 매끄러운 표면에서만 나오는 것은 아닙니다. 금이 간 틈새에서 빛이 스며 나오듯, 상처와 모순이 드러날 때 오히려 감동이 살아납니다. 균열이 없는 작품은 환영에 가깝습니다. 고통과 결핍이 있기에 위로가 가능하고, 불완전함이 있기에 공명이 일어납니다.

예술은 흠결 없는 완벽이 아니라, 흠결을 껴안고 한계를 넘어서는 용기 속에서 비로소 완성됩니다. 상처 위에 얹힌 손길처럼, 불완전함 속에서야 진짜 빛이 피어나는 것입니다.

불협화음 또한 그러합니다. 그것은 질서를 무너뜨리는 사건도, 미화할 대상도 아닙니다. 다만 음악 안에서 긴장을 일으키며 대비를 만들어내는 한 요소일 뿐입니다. 질서와 일탈은 대립이라기보다 서로의 존재를 부각시키는 힘으로 작동합니다. 중요한 것은 화성적 규칙을 지켰는가 어겼는가가 아니라, 그 소리가 전체의 호흡 속에서 어떤 의미를 남기는가입니다. 불협은 그 의미의 한 조각으로 존재하며, 저는 그 앞에서 옳고 그름을 재단하기보다 음악이 흘러가는 방향을 따릅니다. 그렇게 예상치 못한 대비와 틈이 어우러질 때, 예술은 완벽을 향하기보다 더 넓은 진실을 비추게 됩니다.

미완의 미학은 발매되지 않은 곡에만 머물지 않습니다. 저는 무대에서 이미 발매된 곡조차 자주 다르게 표현합니다. 음원의 형태는 세상에 고정되지만, 내 안의 모든 노래는 아직도 미결로 남아 있기 때문입니다. 물론 누군가는 레코드 속에 새겨진 그대로의 연주를 원할 수도 있겠지만, 저는 매 순간 달라지는 호흡과 그날의 온도, 조금씩 변해 가는 제 음악 세계를 노래에 담아 관객과 함께 숨 쉬는 방식을 택합니다. 그래서 노래는 단순한 재현이 아니라, 같은 곡이라도 매번 새롭게 태어나는 또 하나의 창조가 됩니다. 사랑도 음악도 완결된 결말보다, 때로는 미완성이 지닌 운동성 속에서 나다움이 살아납니다.

반복

●

같은 멜로디를 수십 번 연주하더라도 나의 호흡과 감정, 그리고 주변의 공기는 매번 달라집니다. 절대 똑같은 반복은 없습니다. 반복은 표면적으로는 동일한 행위처럼 보이지만 실은 매 순간 다른 진동을 일으키며 새로운 문을 엽니다. 어제의 목소리와 오늘의 목소리가 다르듯, 같은 건반 위에서 울려 나오는 소리 또한 결코 같을 수 없습니다. 단순한 도돌이표가 아니라, 작은 차이가 겹겹이 쌓여 결국 다른 차원으로 인도하는 길입니다. 마치 같은 길을 걷더라도 날씨와 빛, 마음의 상태에 따라 전혀 다른 풍경을 만나게 되는 것과 같지요.

그렇기에 반복은 늘 두 얼굴을 지닙니다. 반복 속에는 리듬이 있고, 그 리듬은 안도감을 낳습니다.

매일 같은 시간에 몸을 움직이고, 같은 방식으로 소리를 만들며 멜로디와 문장을 써 내려가는 일은 혼란 속에 선 나를 질서 안으로 끌어내어 세워주곤 합니다. 그것은 심장이 끊임없이 박동하여 삶을 지탱하듯 창작자의 내면을 버티게 하는 심연의 맥박이라고 생각합니다. 반복은 나를 안정시키고, 흔들리지 않도록 기초를 다지는 힘이 됩니다.

그러나 반복은 동시에 권태를 싹틔웁니다. 아무리 아름다운 선율도 수없이 되뇌면 태초의 생기를 잃고, 아무리 정교한 문장도 계속 다듬기만 하면 감각이 무뎌집니다. 권태는 겉으로는 창작의 적처럼 보이지만, 실은 새로운 가능성으로 넘어가기 직전의 신호일 수도 있습니다. 슬럼프를 회피하는 반복은 안전해 보일지 몰라도 결국 비어 있는 껍질로 남습니다. 그러나 끝내 그 무기력마저 받아들이며 창작의 불씨를 지켜낼 수 있다면, 나의 창조 행위는 세상 어디에도, 어떤 조건에도 흔들리지 않는 해방의 영토가 됩니다.

따라서 반복은 그저 같은 자리를 맴도는 순환이 아니라, 향상심을 통해 다른 세계로 건너가게 하는 상승의 궤도입니다.

FILA
Soccer
le coq sportif
KENYA
MASAI COFFEE
COFFEE
Betty
Blue
FLOWER DRUM SONG
WEST SIDE STORY
Sempé
MIKTUB
Made in
Heaven

꽃과 낙엽

●

꾸준함은 땅이고, 창작은 그 위에 솟아오르는 불꽃입니다. 불꽃은 언제 어디서 피어오를지 알 수 없지만, 땅이 단단해야만 타오를 수 있습니다. 창작의 세계에서 꾸준함은 일종의 약속된 리듬과 같습니다. 매일의 반복된 훈련과 습작, 기록은 불씨를 꺼뜨리지 않고 지켜내는 작은 의식들이지요. 그것은 마치 하루하루 땅을 고르고 씨앗을 심어 두는 일과 같아서, 겉으로 보기에 지루하고 무의미해 보일 수 있지만 결국 불꽃이 내려앉을 평원을 다지는 일입니다.

그러나 불꽃은 단순히 반복만으로는 나타나지 않습니다. 그것은 갑자기 찾아오는 번개처럼 예기치 못한 감각의 폭발로 태어납니다. 꾸준함은 그 번개가 떨어질 자리를 만들어 줄 수는 있으나, 불꽃 자체를 대신할 수는 없습니다.

만약 꾸준함만을 창작이라 부른다면 그것은 노동일 뿐, 예술의 이름은 아닐 것입니다.

반대로 번쩍이는 영감만을 창작이라 단정한다면, 그것은 불꽃놀이나 환영처럼 금세 꺼져버리고 말겠지요.

창작은 결국 땅과 불꽃이 서로 맞물리는 화염의 춤 속에서 온전히 타오릅니다. 꾸준함은 조건이고, 불꽃은 사건입니다. 그리고 창작은 그 둘이 교차하는 순간, 조건 위에 사건이 내려앉으며 격렬한 광휘가 번집니다. 창작은 바로 그 화염 속에서 완성됩니다. 그래서 예술은 언제나 반복과 돌발 사이를 오가며 자신을 드러냅니다.

그 과정에서 감정은 단순히 정화되거나 해소되는 것이 아닙니다. 오히려 창작은 감정을 정리하면서 동시에 흩뜨려 놓습니다. 그것은 낡은 직물을 갈기갈기 찢어내는 동시에, 전혀 다른 문양으로 다시 짜 올리는 과정과도 같습니다.

준비와 우연은 나란히 갈라진 직선이 아니라 소용돌이치는 격류처럼 얽혀 있으며, 그 요동 끝에서 감정은 또 다른 얼굴을 드러냅니다. 꾸준한 반복 속에서 의식은 서서히 가라앉다가도, 번쩍이는 순간 속에서 다시 거세게 휘저어지기도 합니다.

이처럼 창작의 시간은 감정의 무질서를 드러내고 확대하여 마침내 다른 질서로 변환시키는 과정입니다. 그 안에서 나는 내면의 그림자와 마주하고, 동시에 그 어둠을 빛으로 전환시키려는 열망을 경험합니다. 감정은 정리되었다고 믿는 순간 다시 흩어지고, 흩어진 감정은 어느새 새로운 구심으로 묶이며 또 다른 생명을 얻습니다. 그래서 창작은 단순한 발산이 아니라, 나를 끝없이 새겨 쓰는 여정이 됩니다.

꽃과 낙엽, 질서와 혼돈이 얽혀 만들어 내는 회전목마 속에서 예술은 덧없음조차 품어내며, 영원히 꺼지지 않는 울림으로 남습니다. 모든 것이 사라지고 변한다는 사실을 받아들이면서도, 끝내 변치 않는 어떤 것을 향해 나아가려는 몸짓. 그것이 창작의 본질이며 인간이 예술로 존재를 증명하는 이유일 것입니다.

우주는 멈추지 않습니다.

末

나의 노래는.

바람에 실려온
누군가의 기도가
다 괜찮다 말해 주네
아프지 마
아무 걱정 마
거처 없는 슬픔은 이제 안녕
All I want is you
내 마음을 적시는 강
그 안에 흐르는 너

날 노래하게 해
시간을 달리는 내 숨을 잡아
너의 우주 속 별들로 예쁘게 새겨질 수 있게
잊지 마 언젠가 나의 숨이 바람이 되어도
내가 함께 있다는 걸
별을 품은 너는 나만의 노래

I'll always and forever be with you

좋은 날의 웃음도
지친 어느 날의 한숨도

To. 삶의 벗들에게. -MAKTUB-

태어나길 잘했다

발행인 김두영

저자 양진모(마크톱)

전무 김정열

콘텐츠기획개발부 김가람

디자인기획개발부 정수진

제작 유정근

마케팅기획개발부 신찬, 송다은, 김지연

경영지원개발부 한재현, 김아영

발행일 2025년 10월 15일(1판 1쇄)

발행처 삼호ETM (http://www.samhomusic.com)

경기도 파주시 문발로 175

마케팅기획개발부 전화 1577-3588   팩스 (031) 955-3599

콘텐츠기획개발부 전화 (031) 955-3589 팩스 (031) 955-3598

등록 2009년 2월 12일 제 321-2009-00027호

ISBN 978-89-6721-575-0